JN257684

読みなおす日本史

太平記の世界

列島の内乱史

佐藤和彦

吉川弘文館

目　次

序の章　内乱の諸相

十四世紀の三〇年代から、約六十年間にわたって、南北両朝の擁立を名目に、貴族・武士が対立抗争を繰り返し、広範な民衆をも巻き込んだ戦乱が日本列島の各地で展開した。この内乱を四つの時期に段階区分し、それぞれの様相と特徴を検討してみよう。

第一期　内乱の前史

十三世紀の後半から各地で蠢動《しゆんどう》しはじめた諸国悪党は、十四世紀の二〇年代には鎌倉幕府の支配体制を麻痺させる勢力へと発展した。悪党史料として著名な『峯相記《みねあいき》』によれば、柿帷子《かきかたびら》に六方笠《ろくぽう》を持って覆面をし、一〇人、二〇人ぐらいで行動していた初期悪党は、鎧腹巻《よろいはらまき》などの兵具をもっていなかったという。しかし、正中《しようちゆう》（一三二四〜二五）・嘉暦《かりやく》（一三二六〜二八）のころには、吉《よ》き馬に乗り、五〇騎・一〇〇騎と連なって荘園に打ち入り、追捕《ついぶ》・狼藉《ろうぜき》・刈田《かりた》・刈畠《かりばた》などを行い、幕府派遣の悪党追討使と対等に渡り合うようになっていた。質量ともに充実した悪党集団は、播磨《はりま》——但馬《たじま》——丹波《たんば》

――因幡《いなば》――伯耆《ほうき》のラインで、中国・九州・四国地方から畿内の荘園領主のもとへ運上される年貢物などを押し取って経済界を混乱させた。播磨の赤松円心《あかまつえんしん》の行動は、伯耄名和湊《なわみなと》の海賊名和長年《ながとし》のそれと連動していたのである。一方、摂津《せっつ》――河内《かわち》――和泉《いずみ》――大和――伊賀――伊勢のラインで結びつく悪党集団は、楠木正成《くすのきまさしげ》や黒田悪党のように後醍醐《ごだいご》天皇のもとに結集し、六波羅探題《ろくはらたんだい》と鎌倉幕府との連絡を切断した。

畿内周辺の悪党蜂起のみならず、奥羽の地における蝦夷《えぞ》の反乱にも注目したい。奥羽の地は、北条得宗《とくそう》権力の重要な基盤であったから、安東氏一族の所領争いに端を発した蝦夷の反乱は、たちまちのうちに幕府を深刻な事態へと追い込んでいったのである。安東季長《すえなが》・宗季《むねすえ》兄弟から所領をめぐる訴訟が持ち込まれたとき、北条高時《たかとき》の内管領《うちかんれい》長崎高資《たかすけ》は、双方から賄賂《わいろ》を受け取り、それぞれにつごうのよい裁許を与えたことが原因であった。鎌倉幕府政権の腐敗は、この一事からも明白である。幕府は嘉暦元年に工藤祐貞《くどうすけさだ》を、翌年には宇都宮高貞《たかさだ》らを蝦夷追討使として派遣したが反乱を鎮圧することはできなかった。幕府軍に対して、奥羽各地の悪党が安藤氏に味方して抵抗したがためである。

諸国悪党の蜂起、蝦夷の反乱、さらには農民一揆が各地で展開し、鎌倉幕府の衰勢が白日のもとにさらされたとき、後醍醐天皇を中心とする討幕運動が具体化した。後醍醐天皇は、畿内近国で反幕府行動を続けていた悪党集団を軍事力の中核として組織し、さらに、天皇家領荘園の武士、幕府に不満をもつ九州地方の武士、北条氏による得宗専制政治に批判的な足利・新田などの有力御家人、叡山・

南都の僧兵らを動員した。各地域の反幕勢力を後醍醐天皇のもとへ結びつけたのは、山伏姿の日野俊《とし》基《もと》らであった。日野らは正確な情報を得るために各地の経済力・軍事力などを詳細に調査したのである。

後醍醐天皇の討幕計画は、一三三三年（正慶二・元弘三）五月に結実し、建武《けんむ》新政府が樹立された。しかし、綸旨《りんじ》万能を振りかざした天皇による現実無視の諸政策の強行は、政権内部にさまざまなゆがみを生みだし、内部矛盾を拡大させた。一三三五年（建武二）秋にはじまった建武の乱の結果、足利尊氏は後醍醐方を圧倒しさり、三六年（建武三・延元元）八月光明《こうみょう》天皇を擁立し、十一月には建武式目を制定して室町幕府を創設した。

第二期　内乱の展開

一三三六年（建武三・延元元）十二月、後醍醐天皇は京都を脱出し吉野へ逃れて南朝を樹立した。このころの南朝の主要な拠点は、吉野・南河内（楠木氏）、伊賀（黒田悪党）、南伊勢（伊勢神宮・北《きた》畠《ばたけ》氏）、越前・越後（新田氏）、奥羽（北畠顕家《あきいえ》）、伊予（忽那《くつな》海賊）、肥後（菊池氏）などであり、これらの拠点の間を、天皇の命令書を携えた悪党・野伏《のぶせり》・山伏などが往来し、各地の情報を蒐集し伝達した。各地で、室町幕府方（北軍）と吉野方（南軍）との激戦が続けられた。建武四年三月越前金《かね》ケ崎《さき》城が陥落し、翌年五月には和泉石津《いしづ》の合戦で北畠顕家が戦死し、閏七月には越前藤島の合戦で新田義貞が死去した。こうして南軍の勢力は衰退の一途をたどったが、しかし、なんといっても一三三九年（暦応二・延元四）八月の後醍醐天皇の死は、吉野の人々にとって大きな打撃であった。それだけではない。天皇の死は、北朝の廷臣中院通冬《なかのいんみちふゆ》ですら、

天下の重事、言語道断の次第なり、公家の衰微、左右あたわず、愁歎《しゅうたん》の外、他事なし

と記すほどであり（『中院一品記』）、公家社会全体にとっての一大事であると認識されていたのである。天皇の死に象徴される旧権威の失墜は南北両朝のどちらに属していようとも、公家階級にとって、きわめて深刻な事態であると受けとめられていたのである。

この間、北畠親房《ちかふさ》は常陸《ひたち》に赴き、南朝勢力の挽回をめざして、小田城・関城・大宝《たいほう》城などで戦いを続けていた。有名な『神皇正統記《じんのうしょうとうき》』が記述されたのもこのころであった。しかし、親房は、関東の豪族結城《ゆうき》氏を味方に引き入れることに失敗したうえ、一三四三年（康永二・興国四）には高師冬《こうのもろふゆ》の攻撃によって関・大宝の両城をも失い、ついに吉野へ帰らざるをえなくなったのである。後醍醐天皇亡きあと、吉野において幼帝後村上天皇を支え、南軍のすべてを掌握したのは北畠親房である。親房は楠木正行《まさつら》を将とし北軍への反撃を図った。一三四七年（貞和三・正平二）正行は紀伊・河内で幕府軍を連破して摂津へと進出した。しかし、翌年、高師直《もろなお》・師泰《もろやす》の率いる幕府の大軍と四条畷《しじょうなわて》で交戦したが、衆寡敵せず討ち死にして果てた。師直は吉野を攻略し、ついに後村上天皇を大和賀名生《あのう》へと逐

った。南北両勢力の抗争が、全国各地で最も熾烈に展開された段階である。

第三期　内乱の深化

十四世紀の四〇年代、室町幕府内には、高師直・師泰などの急進派と足利直義《ただよし》らの現状維持派とが並立していた。「若《も》し王ナクテ叶《かな》フマジキ道理アラバ、木ヲモツテ造ルカ、金ヲモツテ鋳《い》ルカシテ、生キタル院、国王ヲバ何方《いずかた》ヘモ皆流シ捨奉ラバヤ」(『太平記』)と主張する急進派の師直は恩賞方長官《おんしょうかた》、師泰は侍所《さむらいどころ》長官であり、将軍尊氏の執事《しつじ》として、軍事面における絶大な権力を掌握していた。そして吉野焼き打ちなどによって、南朝勢力を圧倒していく過程において、師直らの軍事力は一段と高く評価されるようになっていった。一方、民事裁判権・所領安堵《しょりょうあんど》権を把握する直義は法治主義を唱えていた。両派の対立は、南朝との厳しい軍事的対決が続いている間は潜在していたが、吉野攻撃の成功によって緊張が緩和されると一挙に顕在化し、貞和五年(正平四年)から一三五二年(文和元・正平七)にかけて、尊氏および高兄弟らと、直義派との間で、幕政運営をめぐる壮烈な主導権争いが展開したのである(観応《かんのう》の擾乱《じょうらん》)。尊氏が直義を鎌倉に追い詰め、京都を守護する足利義詮《よしあきら》の陣営が手薄になった時点をついて、楠木正儀《まさのり》と北畠顕能《あきよし》を将とする南軍の京都攻撃が開始された。後村上天皇は、文和元年(正平七年)閏二月十九日には男山八幡《おとこやまはちまん》へ本営を移し、翌日、北畠親房らが京都を占拠した。

同じころ、関東では、宗良《むねよし》親王を奉じて新田義興《よしおき》・義宗《よしむね》らが上野《こうずけ》で挙兵し、一時は鎌倉に入って尊氏らを窮地に陥れた。この後まもなく、尊氏と義詮は鎌倉と京都を奪回したが、南軍は、光厳《こうごん》・光明・崇光《すこう》の三上皇を捕らえ、北朝の三種の神器を接収して吉野へと帰った。直義のあとを受けた直冬《ただふゆ》は、南朝に帰順するとともに、旧直義派の山名氏の支持を得て中国・九州地方で勢力を拡大した。このため天下は、幕府方、直冬方、南朝方に三分された状態となった。

一三五八年（延文三・正平十三）四月、尊氏が病死し、義詮が将軍となった。このとき、幕府は畿内における南軍を追討するために、全国規模の軍事動員を行った。関東の国人《こくじん》領主層を率いて畠山国清が入京し、幕府執事細川清氏《きようじ》とともに南河内へ攻め入った。延文五年（正平十五年）三月、国清は河内金剛寺《こんごうじ》を焼き、五月には清氏らが楠木正儀の赤坂城を攻めたが、このころから幕府軍内部で確執が生じ、追討戦は難渋のうちに頓挫し、ついに仁木義長《よしなが》の反乱を誘発するに至った。

一三六一年（康安元・正平十六）には細川清氏が南朝と結び、楠木勢とともに京都を攻撃した。関東では国人領主らが一味神水《いちみじんすい》して、関東執事畠山国清の罷免を要求して蜂起し、鎌倉公方《くぼう》足利基氏《もとうじ》にこれを認めさせた。この時基氏は「下トシテ上ヲ退《しりぞく》ル嗷訴《ごうそ》、下剋上《げこくじょう》ノ至哉《いたりかな》ト心中ニハ憤《いきどおり》思ハレケレドモ、此者ドモニ背《そむか》レナバ、東国ハ一日モ無為ナルマジ」（『太平記』）と覚悟して国清を追放したのである。この年から翌年にかけて、鎌倉府の軍勢と国清軍との間で激戦が続けられた。畠山国清にかわって関東執事になったのは旧直義派の上杉憲顕《のりあき》である。京都では、義詮が清氏を追放したあと斯《し》波義将《ばよしまさ》（旧直義派の斯波高経の子）を幕府執事とした。このころから、執事の地位が強化され、軍事面のみならず、裁判においても発言権を強め、将軍権力の代行者として管領《かんれい》と称されるようになった。一三六三年（貞治二・正平十八）に、南軍の大内弘世《ひろよ》と旧直義派の山名時氏《ときうじ》が幕府に帰順し、室町幕府の支配体制はようやく強化安定の方向へと向かった。この期の戦乱を通じて、南朝の軍事面における組織的行動は、九州を除いて、ほぼ終わりをつげ、対立政権としての意味は消滅した。幕府と南朝との間で講和の交渉が開始された。

第四期　内乱の終焉

管領斯波義将の政治は禅宗寺院への過度の保護と寺社本所領の没収とを特徴とした。しかしながら、義将の政治は旧仏教系寺院や有力守護の反発のなかで失敗に終わった。義将のあと、貞治六年（正平二十二年）に細川頼之《よりゆき》が管領職に就任した。足利義満《よしみつ》――細川頼之による室町幕府体制は、一三六八年（応安元・正平二十三）六月の半済令《はんぜいれい》により大寺社領の保護策を打ち出すことによって政権の安定を図るとともに、翌年一月には、楠木正儀を誘引して南朝との和平の道を模索し、さらに、応安四年（建徳二年）今川了俊《りょうしゅん》を九州に派遣して懐良《かねよし》親王の率いる九州の南軍を制圧した。

一三七八年（永和四・天授四）三月、義満は室町新邸（花の御所）に移り、独自の政権構想を練りはじめた。管領として、ほぼ十年間にわたって幕政を主導してきた細川頼之に対して、斯波・山名・土《と》岐《き》の諸将が排斥運動を起こすや、義満はこの運動を利用して頼之を追放し、斯波義将を再び管領に就任させた（康暦の政変）。義満は奉公衆と呼ばれる将軍直轄軍を充実させ、御料所《ごりようしよ》（直轄地）を奉公衆に預け置くなどして権力の強化を図った。

室町幕府の傀儡政権であったとはいえ、北朝が存続しえたのは、分業・流通の全国的拠点である京都を経済的基盤とし、その市政権を掌握していたからである。義満は、ここに注目して、北朝が京都においてもっていた警察権――民事裁判権――商業課税権などの諸権限を順次簒奪していった。

十四世紀後半の顕著な歴史的動向は、各地の荘園村落における農民闘争（荘家の一揆）の激化と国人領主層の成長である。室町幕府が政権を真に安定させるためには、惣《そう》を基盤とする農民抵抗を圧殺することと、国人一揆を形成しつつ在地支配を拡大しようとした国人領主層を掌握することが必要であった。幕府は、農民抵抗に対しては官軍を派遣して鎮圧し、国人領主層に対しては、守護権限を強化し、守護を通じて国人領主層の掌握に努めた。幕府は大犯三箇条《だいぼんさんかじよう》のほかに刈田狼藉・使節遵行《しせつじゆんぎよう》などの権限を守護に付与した。観応三年七月と応安元年六月の半済令は、兵粮米《ひようろうまい》給与を媒介として、国人領主を被官化しうる条件を守護に与えたことでもあった。国人領主を被官化することによって強化された守護大名の存在は、幕府の支配安定にとって重要なことではあったが、特定の守護家だけに諸権益が集中することは、幕府にとって決して望ましいことではなかった。守護大名に対し、幕府の権勢（義満の威勢）をつねに誇示し、幕府のもとに牽引しておくことが必要であった。

一三八二年（永徳二・弘和二）には、南軍を号していた下野《しもつけ》の雄族小山義政《おやまよしまさ》が、鎌倉公方足利氏満《うじみつ》に討たれ、一三八五年（至徳二・元中二）に楠木正久《まさひさ》が戦死し、九州では、今川了俊の国人層組織化が急速に進みつつあった。このような状況を踏まえて、足利義満の諸国遊覧が開始された。一三八八年（嘉慶二・元中五年）九月の駿河遊覧、一三八九年（康応元・元中六）三月の安芸厳島参詣などは、反幕府勢力を威圧し、将軍権威を誇示する大デモンストレーションであった。特に後者は、瀬戸内海の制海権掌握を示すとともに、対中国・朝鮮外交実現への志向を意味するものであった。続いて、義満は大守護抑圧策を実行した。一三九〇年（明徳元・元中七）には、美濃・伊勢・尾張三ヵ国の守護土岐氏を挑発して勢力を削減した。翌年には、一族で一一ヵ国の守護職をもち、六分一衆《ろくぶんのいちしゅう》といわれた大守護山名氏を謀略によって蜂起させ、所領の大半を没収して、勢力を弱めさせたのである（明徳の乱）。

南北両朝の和平交渉は十四世紀の中ごろから、すでに、ひそかに行われていたが成功するには至らなかった。しかし、明徳の乱の結果、絶対的権威をもつに至った幕府は、大内義弘《よしひろ》を使者として両朝合体の交渉を再開した。一三九二年（明徳三・元中九）閏十月両朝合体の儀式が行われた。こうして、内乱は終息したのである。

一の章　護摩を焚く天皇・後醍醐

両統迭立

文保の和談

一三一七年（文保元）四月、文保《ぶんぽう》の和談がおこなわれた。大覚寺統《だいかくじとう》の働きかけにおされて鎌倉幕府（東使中原親鑑）は、

①現東宮尊治《とうぐうたかはる》親王のつぎに、故二条天皇の皇子邦良《くによし》親王を東宮にたてること
②後伏見上皇の皇子量仁《かずひと》親王は、邦良親王のつぎに東宮となること
③そののちは、この二流が交互に践祚すべきこと

という案を提示した。しかし、伏見法皇が量仁親王の立太子を先にすべきであると主張したため、和談は不成立に終わった。しかるに、同年九月、法皇が死去すると強力な主張者を失った持明院統《じみょういんとう》は、幕府の意向におしきられることになり、翌年二月、花園《はなぞの》天皇の譲位、後醍醐天皇の践祚が実現し、邦

天皇両統系統図

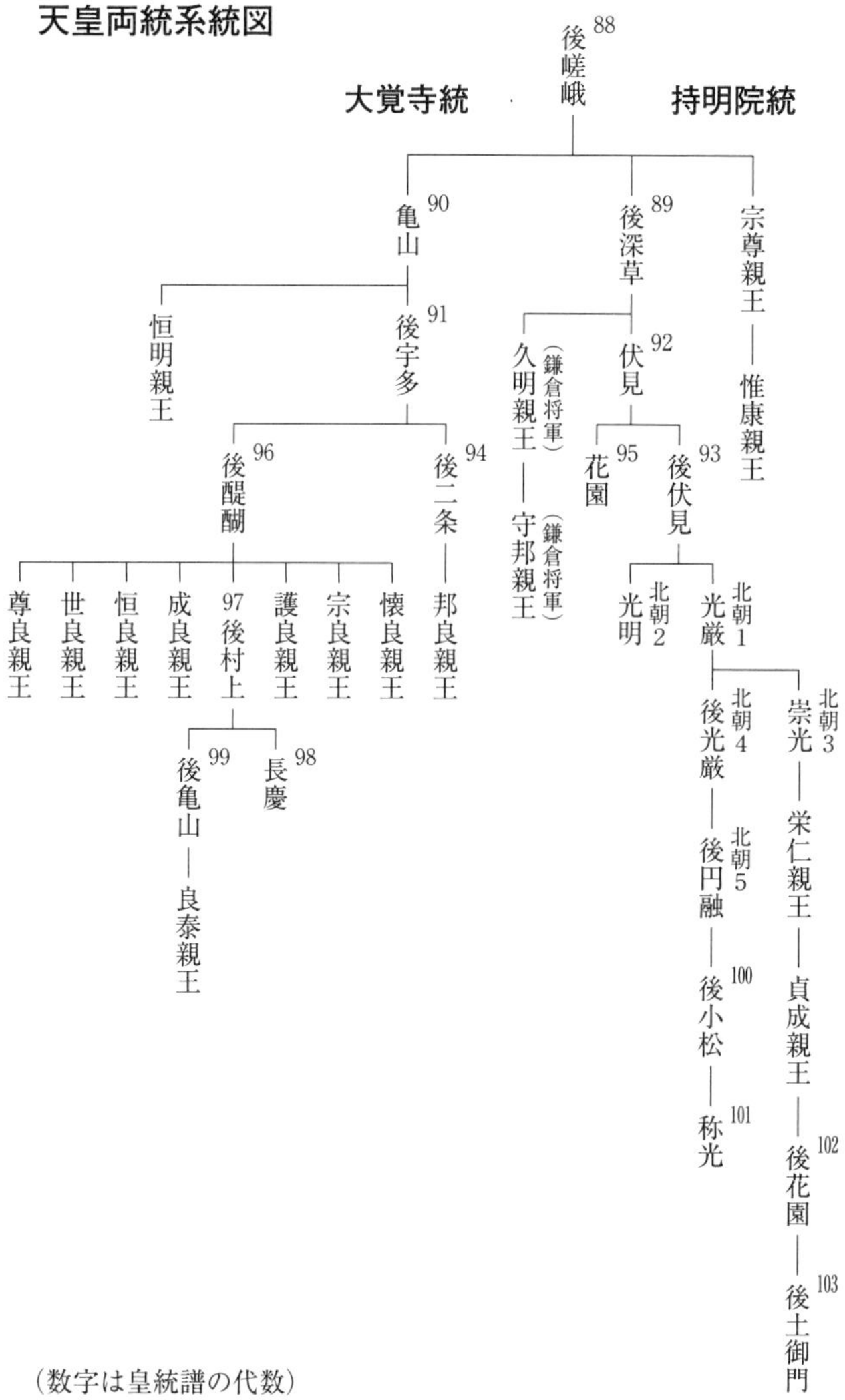

（数字は皇統譜の代数）

良親王は東宮となったのである。心ならずも譲位においこまれた花園天皇（在位一三〇八―一三一八）は、日記（『花園天皇宸記』）に、

不徳の質、在位すでに十年に及ぶ。新院（後伏見）、後二条院共に十年に及ばず。愚身を以てすでに此の両院に過ぐるの条、誠に過分の事なり。何ぞ歎くべけんや。（中略）春宮《はるみや》（尊治）は和漢の才を兼ね、年歯《ねんし》父の如《ごと》し。誠に道理然《しか》るべし。（中略）すでに十年の在位、天道神慮《しんりよ》、悦《よろこ》ぶべしく〳〵。今かくの如き沙汰《さた》に及ぶ。又天の然《しか》らしむるなり。更《さら》に天を怨《うら》まず、人を咎《とが》めざるものなり。

と記している（文保元年三月三十日の条）。

天皇親政の開始

尊治親王は、一二八八年（正応元）十一月後宇多上皇の第二皇子として生まれ、祖父亀山上皇のもとで養育された。しかし第一皇子邦治《くにはる》親王（後二条天皇）が、一三〇八年（徳治三）八月に死去したため、同年九月、花園天皇の皇太子に立つことになったのである。この時、尊治親王は二十一歳、花園天皇より九歳も年長であった。花園天皇が日記に「年歯父の如し」と記しているのは、このような理由による。尊治親王の学才が和漢に通じていたことは万人の認めるところであったという。

一三一八年（文保二）二月の践祚ののち、一三二一年（元亨元）十二月に、父後宇多上皇より政務

を委譲されるや、天皇親政として記録所を置き、早朝より夜半にいたるまで政務にはげんだという（『神皇正統記』）。

一三二二年（元亨二）、後醍醐天皇は「神人公事停止令《じんにんくじ》」を発して神人の本所《ほんじょ》に対する諸公事を免除し、「洛中酒鑪役賦課令《しゅるやく》」によって洛中の酒屋を天皇経済の基盤に組みこもうとした。ともに、京都の商工業者を天皇の供御人《くごにん》として編成することを目ざしたものである。花園上皇が日記に「近日政道淳素《じゅんそ》に帰す。君すでに聖主たり。臣又人多きか」と記したのも、このころである（元亨二年十二月二十五日の条）。

新進気鋭の人材登用

後醍醐天皇の親政が人々に受け入れられ、天下こぞって公家善政の復活を謳歌するにつれて、天皇の心中をよぎったのは、天皇みずからの力で、みずからの後継者を決定できないという現状へのいらだちであり、憤りであったろう。天皇の践祚後間もなく皇太子に立ったのは、後二条天皇の皇子邦良親王であり、そのつぎの東宮には後伏見上皇の皇子量仁親王が予定されていた。天皇の意向をまったく反映していないこの予定を打破しないかぎり、いらだちと憤りを鎮める方法はない。

かくして、天皇の心底に両統迭立案《りょうとうてつりつあん》を押しつけてくる鎌倉幕府を打倒し、公家一統《くげいっとう》の世を実現しようという計画が生まれたのである。天皇はひそかに新進気鋭の人材を登用しはじめた。宋学への関心と造詣の深い天皇のもとへ儒学にかかわりのあるものたちが集まったのは当然であったろう。

> そもそも、近日禁裏《きんり》すこぶる道徳儒教の事その沙汰ありと云々。もっともしかるべきの事なり。
> しかして冬方朝臣《ふゆかたあそん》、藤原俊基《としもと》等此義殊《このぎこと》に張行《ちょうぎょう》する者なり。

とは、儒学（宋学）が天皇の近辺でもてはやされていることを記した、『花園天皇宸記』元応《げんおう》元年九月六日条裏書である。大覚寺統の宮廷でわきおこった儒教張行の気運を背景に、吉田経長《つねなが》の子冬方や、日野種範の子俊基らが天皇側近として活躍しだしたのである。天皇は、一三二〇年（元応二）三月、儒家出身の日野資朝《すけとも》を蔵人頭《くろうどのとう》に任命し、一三二三年（元亨三）三月に検非違使庁別当《べっとう》に任命した。同年六月には、大内記《だいないき》俊基を才学優長との理由で五位蔵人に抜擢した。

それは、まさに「近日朝臣多く儒教をもって立身す。もっともしかるべし。政道の中興またこれによるか」（『花園天皇宸記』元亨三年七月十九日の条）という状況であった。

主上御謀叛と隠岐流謫

正中の変

鎌倉幕府を打ち倒すために、後醍醐天皇は志を同じくする人々を結集した。幕府の間諜の目をあざむくために、無礼講《ぶれいこう》と称する遊宴の会合をもって討幕の計画をねりあげた。参会者は衣冠をつけず、ほとんど裸形《らぎよう》にちかい姿で、美妓《びぎ》をはべらせて酒をくみかわしたと『太平記』（巻一）はのべている。花山院師賢《かざんいんもろかた》、四條隆資《たかすけ》、洞院実世《とういんさねよ》、日野俊基、僧遊雅《ゆうが》、聖護院《しょうごいん》廳ノ法眼玄基《げんき》、足助重成《しげなり》、多治見国長《くになが》らの名前がみえる。

『花園天皇宸記』（元亨四年十一月一日の条）には、

> 凡《およそ》近日或人《あるひと》いう、資朝俊元等、結衆会合乱遊、或は衣冠を着ず、殆裸形、飲茶之会これあり、これ学士之風か、（中略）此衆有数輩、世これを無礼講と称す。或は破仏講の衆と称すと云々。緇素《しそ》及数多、其人数一紙に載せ、さるころ六波羅に落す。或云祐雅法師自から筆を染めこれを書く。此内或高貴之人有ると、云々。

と記され、さらに源為守《ためもり》、智暁《ちぎよう》らの名前がみられる。森茂暁氏は、無礼講の割注《わりちゆう》である破仏講に注目し、儒教信奉者のあつまりであった無礼講の隠された本当の性格がわかると論じている（『皇子たちの南北朝』中央公論社　一九八八年）。ところで、『宸記』には智暁について、「西大寺門徒律僧《りつそう》也」との注記が付されている。西大寺系の律僧といえば、所持の聖教を天皇に授けて厚い信任をえた文観《もんかん》も側近の一人であった。そして、驚くべきことに、網野善彦氏によれば、文観は、師檀関係にあった六波羅評定衆、引付頭人《ひきつけとうにん》伊賀兼光《かねみつ》をだきこんで、天皇の討幕計画の御願成就の祈りをこめて、奈良の般若《はんにや》寺《じ》の本尊、八髻文殊菩薩騎獅像《はつけいもんじゆぼさつきしぞう》を、一三二四年（元亨四）三月七日に造立したという（『異形の王権』平凡社　一九八六年）。討幕の計画は、着々と進行しつつあった。天皇は「関東の執政しかるべからず。

また運すでに衰うるに似たり。朝威はなはだ盛んなり。あに敵すべけんや。よって誅せられるべし」と資朝をはじめ同志たちに語ったという（『花園天皇宸記』元亨四年九月十九日の条）。

蜂起は、一三二四年（元亨四）九月二十三日の北野祭の当日と定められた。祭りの警備で、六波羅勢が手薄になるすきをねらったのである。ところが、周到なこの計画も、無礼講参加者一同のリストが六波羅探題に投げこまれたことにより（密告投書者は酒をくみかわし一味同心したはずの遊（祐）雅法師ともいわれている）、さらには、土岐左近蔵人が「禁裏より語り仰せられたことを、事の不就《ふしゅう》を恐れて」舅にあたる六波羅奉行人斎藤利幸《さいとうとしゆき》（行）に告げたことにより発覚するところとなり（伊東和彦「『太平記』と史実」彷書月刊四—一二）、六波羅軍の弾圧によって、あっけなく潰《つい》え去ったのである。九月十九日早朝のことである。「当今御謀叛」を伝える早馬が、斎藤利幸のもとから鎌倉の結城宗広のもとにとどけられたのは、九月二十三日のことであった（元亨四年九月二十六日　結城宗広書状、越前藤島神社文書。鎌倉遺文二八八三五号）。

後醍醐天皇側が六波羅評定衆引付頭人の伊賀兼光を味方に引き入れて幕府の動静をさぐれば、鎌倉幕府の側も謀略をねりあげる無礼講の参加者のなかに密偵を潜伏させていたのである。両者の間にすさまじいまでの諜報戦が展開していたのである。それはともあれ、元亨四年の蜂起が、鎌倉幕府方のすばやい対応によって不発に終わった時、事前に「今こそ鎌倉を討つべきだ」と語気あらく語っていた天皇が、討幕の密議など知らぬとのべ、密議に関係ありとされることは「すこぶる迷惑」（『花園天皇宸記』同年九月十九日の条）であるとのべたことは、後醍醐天皇の精神性、行動理念を解析するさいの重要な鍵を提示するものであろう。

幕府調伏の祈り

いわゆる正中の変といわれる幕府転覆の計画が失敗に終わったのちも、京都においてさまざまな討幕運動が計画され、具体化されていった。

一三二六年（嘉暦元）にはじまった中宮禧子《きし》の安産修法は、延暦寺、園城寺《おんじょうじ》、山階寺《やましなでら》、仁和寺《にんなじ》のみでなく、禁中の奥深くにおいてもおこなわれ、一三二九年（元徳元）の末まで継続した。それは安産の修法に仮託した関東調伏《ちょうふく》の祈禱（冥道供《めいどうぐ》）であったという。後醍醐天皇みずからも文観から伝法灌頂《かんじょう》をうけ、自身護摩《ごま》を焚《た》き、幕府の調伏を祈ったのである。

「禁裏御自護摩を御勤之由承候了」との文言を持つ金沢貞顕書状を検討した百瀬今朝雄氏は、当該書状を一三二九年（元徳元）十二月中旬のものと考証され、「伝聞とはいえ情報に接した幕府要人は、護摩の煙の朦朧たる中、揺らめく焔を浴びて、不動の如く、悪魔の如く、幕府調伏を懇祈する天皇の姿を思い描いて、身の毛をよだたせたのではなかろうか」と記述している（「元徳元年の『中宮御懐妊』」『金沢文庫研究』二七四号、一九八五年）。

南都・北嶺への行幸

天皇は、一三二七年（嘉暦二）十二月に皇子尊雲《そんうん》（還俗して護良）を天台座主《てんだいざす》として比叡山に送りこみ、僧兵を味方に誘引しようとはかった。

一三三〇年（元徳二）二月、花園上皇は、皇太子量仁に『誡太子書』をあたえたが、そこには「今ノ時、未ダ大乱ニ及バズト雖《いえ》ドモ、乱ノ勢萌《きざ》スコト已ニ久シ。一朝一夕ノ漸《ぜん》ニ非ズ」と記述している。後醍醐天皇方と鎌倉幕府方との対立が顕在化し、情勢はきわめて緊迫したものとなりつつあった。

この年三月、後醍醐天皇は、南都・北嶺への行幸をおこなった。三月八日、南都に行幸した天皇は、東大寺、興福寺へ奉幣し、三月二十六日には日吉社に行幸し、二十七日には比叡山にのぼって大講堂の落慶供養式を主宰した。導師をつとめたのは妙法院尊澄《そんちょう》（還俗して宗良《むねよし》）、呪願は座主尊雲がおこなった。天皇と二人の皇子がそろって叡山の大衆《だいしゅう》の前に姿を現したのである。南都・北嶺の僧兵は、都にもっとも近い武力集団であり、かれらと密接な連絡を保つことが討幕運動の作戦上きわめて重要な意味を持っていたことは揚言するまでもなかろう。

京の商業・流通を掌握

同年五月、天皇は記録所に命じて、洛中の米穀価の高騰を抑制させた。具体的には、米穀の相場を宣旨枡《せんじます》一斗につき銭百文と公定したのである。六月には、米価を公定してのち商人が米を売り惜しむようになったのに対し、洛中二条町東西に五十余間の仮屋を建てて米を売らせている（『東寺執行日記』元徳二年六月十一日条）。飢饉対策として交易の円滑化をはかったものといわれているが、記録所を通じて京都の商業・流通を統制し、天皇のもとに直接支配することを目的としていたことは明らかである。全国の分業・流通の中枢を占める京都を、討幕戦を遂行するための兵站基地にしようとしたのである。二度目の討幕計画は、前回に比してきわめて大規模なものであり、計画は成功するかにみえた。

元弘の変

しかしながら、一三三一年（元弘元）四月二十九日、天皇が最も信頼していた前権大納言吉田定房《さだふさ》が、討幕の計画を六波羅探題に密告したことによって、ふたたび失敗に帰したのである。

吉田定房の密告によって天皇の計画を知った鎌倉幕府は、ただちに長崎高貞らを上洛させ、日野俊基や円観、文観らを逮捕した。同年八月、天皇は、辛うじて京都を脱出して笠置に布陣し、近隣の土豪・野伏らに参陣を呼びかけた。しかしながら、鎌倉幕府の大軍によって、笠置は旬日を経ずして陥落し、楠木正成の河内赤坂城も、幕府軍の蹂躙するところとなった。天皇は、万里小路《までのこうじ》藤房《ふじふさ》、千種忠顕《ちぐさただあき》らと笠置をのがれ、山野に臥すこと三日、赤坂城をめざしたものの、山路に迷い山城の住人深栖《みす》三郎によって捕らえられたのである。天皇が、

サシテ行ク　笠置ノ山ヲ　出シヨリ
アメガ下ニハ　隠家モナシ

と詠んだのは、この間のことであった。十月、大仏貞直《おさらぎさだなお》らに警固されて六波羅に送られた天皇は、神器を量仁親王にゆずることを強要された。六波羅探題における事情聴取の有様を『花園天皇宸記』（元弘元年十月八日の条）は、

八日、後聞、今夕公宗卿六波羅第に行きむかう。奉見先帝、併天魔之所意たり、寛宥之沙汰あるべきの由、武家に仰すべきの由仰せらるると云々。

と記している。後に聞いたところではあるがとことわりながらも、後醍醐天皇が関東申次西園寺公宗《きんむね》を通じて、今度のことは、天魔の所為であるから許してもらいたいと幕府方に伝えてほしいと哀願したというのである。この天皇の態度に対して、花園院は「可歎息事也」ときびしく批判している。謙虚で純真な花園院にとって、権謀術数を弄する後醍醐天皇の態度は理解し難く、許しがたいものであったろう。

悪党・野伏の挙兵と隠岐脱出

一三三二年（正慶元・元弘二）三月、幕府は天皇を隠岐へと流した。隠岐の配所に従ったのは、才色兼備をうたわれた阿野廉子《あのれんし》と千種忠顕らであった。こうして、討幕運動は鎮圧されたかのようにみ

えたが、同年十一月ごろから、吉野で護良親王が、河内千早城で楠木正成が再挙すると、諸国の反幕府運動が急速に展開する。この運動に結集した諸勢力について永原慶二氏は、その構造をつぎのように分類している（『中世内乱期の社会と民衆』吉川弘文館　一九七七年）。

①楠木正成、赤松則村、名和長年ら非御家人、悪党的勢力
②越前気比《けひ》社の社家、肥後阿蘇社の大宮司家ら皇室領の在地武士
③承久の乱、宝治の乱、安達泰盛の乱などによって北条氏のために没落させられた家系に属する武士
④モンゴル襲来にからんで、北条氏専制の犠牲となり、または、負担の過重などから幕政に不満をもつ九州地方の武士
⑤足利氏、新田氏など北条氏専制に批判的な外様有力御家人
⑥比叡山、粉河寺など大寺院の武力

これらの諸勢力は、おのおの幕府政治、なかんずく北条得宗家《とくそうけ》の専制政治に強い不満をもっていたが、なお統一した行動にたちあがるまでにはいたらなかった。しかし、幕府内部の対立と幕政の混乱とは、これら諸勢力を結集させる客観的条件を生みだしつつあり、畿内近国を中心とする悪党蜂起は、その状況を加速させた。護良親王が、かれらに挙兵を呼びかけたのである。悪党、野伏が諸国で蜂起し、幕府の支配機構が切断され麻痺されていったのである。

このような戦局の転換に乗じて、一三三三年（元弘三）閏二月、後醍醐天皇は、島前《とうぜん》海賊衆の協力を受けて、隠岐の脱出に成功し、伯耆名和湊の長者名和長年に助けられて船上山に楯籠《たてこも》り、朝敵追討の宣旨を諸国に発した。

幕府の将として京都に駐留していた足利高氏は四月下旬に、天皇に応じて反幕府の旗幟《きし》を鮮明にし、五月七日、赤松軍と協力して六波羅軍を壊滅させた。東国においても、五月八日には、新田義貞が上野生品《こうずけいくしな》神社に挙兵し、長駆して鎌倉を攻略、二十二日、鎌倉幕府を倒壊させた。大友、小弐《しように》、島津氏らの軍勢が、鎮西探題を攻撃して、これを滅亡させたのは五月二十五日のことである。北畠親房は、

符契《ふけい》ヲ合スル事モナカリシニ、筑紫《つくし》ノ国々、陸奥、出羽ノオクマデモ、同ジ月ニゾシズマリニケル。六、七千里ノ間、一時ニオコリアヒシニ、時ノイタリ運ノ極リヌルハ、カカルコトニコソト不思議ニモ侍《はべ》リシモノカナ。

と記している（『神皇正統記』）。北条得宗家の専制支配に不満をもち、時いたらば、これと対決しようとしていた勢力が全国各地に充満していたのである。

理想と現実の落差

綸旨万能主義の弊害

後醍醐天皇は、六波羅滅亡の報を船上山の陣営で知り、京都へ急ぐ道すがら、鎌倉幕府壊滅の知らせをきいた。天皇は、ただちに、光厳天皇を廃し、関白鷹司冬教《ふゆのり》以下の官をとき、「正慶」の年号を「元弘」にもどした。

六月五日。天皇は京都に還幸するや、公家一統の政治を行うことを宣言し、まず、持明院統の後伏見、花園両上皇の所領を、ついで、公家、寺社の所領を安堵し、討幕の功労者への除目をおこなった。天皇は、みずから後醍醐と名乗ったように、延喜・天暦の世、すなわち、醍醐・村上両天皇の治世を理想の時代として追慕し、律令国家の最盛期に匹敵する政治を実現させようとした。「朕ノ新儀ハ、未来ノ先例タルヘシ」（『梅松論』）との発言は、天皇の覇気と自負の端的な表現であった。しかるに、天皇による新政権成立ののちに、一年を経ずして、『梅松論』は「公家と武家水火の陣にて元弘三年も暮にけれ」と記し、『二条河原落書』も「天下一統メヅラシヤ、御代ニ生テサマザマノ、事ヲミキクゾ不思議ナル」と、新政権を風刺している。天皇に主導された新政府の実態はいかなるものであったろうか。

六月十五日天皇は、その絶対的権威を示すために、土地の所領はすべて綸旨によってのみ確認されるものであり、綸旨によらない土地の安堵は認められないという個別安堵法《こべつあんどほう》を公布した（「金剛寺文書」）。この法令は、土地領有についての前代からの慣習を根底からくつがえすものであっただけに、諸国武士の猛烈な反発を招くことになった。人々は全国各地から「文書入タル細葛《ほそつづら》」（『二条河原落書』）

建武政府の機構（太政官制と併置）

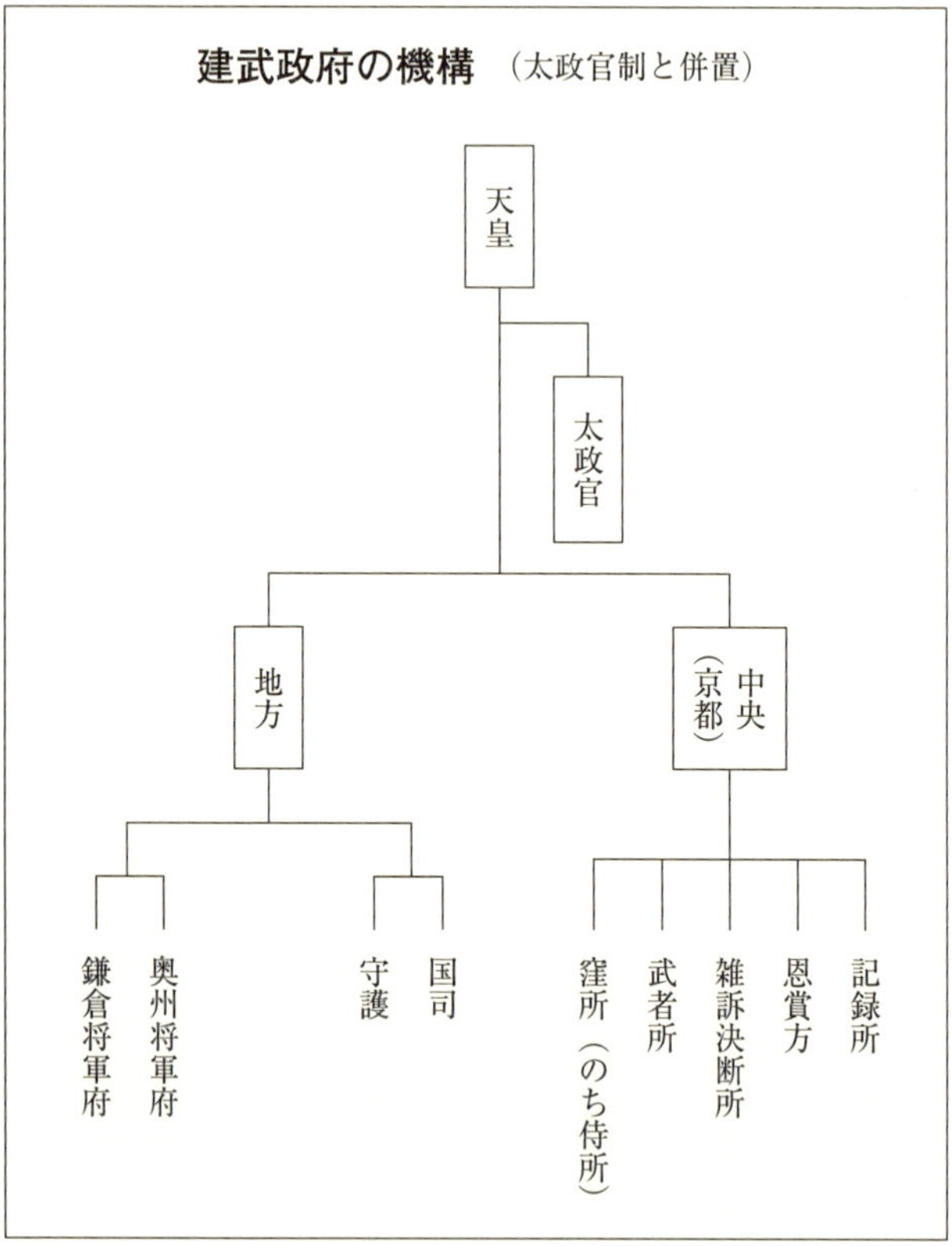

後醍醐天皇は摂政関白・征夷大将軍を置かず、政治・軍事を一手に握って専制しようとした。

を背にして京都に殺到し、大混乱をまねくこととなった。

政権成立直後の、諸機関の整備も不十分な時点において発生した混乱は、多くの人々に不安と動揺をあたえ、この政権の前途に疑惑の念をいだかせるのに十分であった。個別安堵法の発布とともに、全国各地から遠近を問わず人々が上洛し、そのために農作業が妨げられるという事態に直面した新政権は、早くも七月には

職務	一番局	二番局	三番局	四番局
	東海道・東山道	北陸道	畿内・山陽道・山陰道	南海道・西海道
構成員	吉田定房 中御門経季 中院良定 山城兼光 結城親光	九条光経 甘露寺藤長 兵衛大夫判官職政 中原秀清	万里小路藤房 中御門宗兼 名和長年 楠木正成	市場隆資 岡崎範国 五条頼元 清原康基

建武新政府の恩賞方構成員

この法令を改変し、当知行の安堵は綸旨によらず、各国の国司の責任においておこなうようにとの指令（諸国平均安堵法《しょこくへいきんあんどほう》）を発するにいたった（「総持寺文書」）。この変更は、綸旨万能を標榜《ひょうぼう》する後醍醐天皇の政策が、いかに現状を無視したものであったかを端的に示すものといえよう。

天皇は、綸旨を神格化し、その威権を絶対化しようとした。しかし、綸旨が神聖視されればされるほど、綸旨の偽造・謀作が横行し、そのため、所領をめぐる争いは多発化し、裁判は紛糾をきわめることとなった。『二条河原落書』が、夜討《よう》ち、強盗とともに、都にはやるものとして謀綸旨《にせりんじ》をあげていることは、建武政権の本質を的確にとらえたものであり、まことに象徴的である。

天皇の側近に左右された論功行賞

元弘の乱から政権樹立にいたる過程の論功行賞のために四番局から構成される恩賞方を設置したにもかかわらず、天皇の愛妃阿野廉子や側近蔵人高倉光守らの容喙によって、恩賞の沙汰が左右

省	氏名	経歴
兵部	二条道平	左大臣
治部	鷹司冬教	右大臣
刑部	久我長通	前右大臣
式部	桐院公賢	前内大臣
民部	吉田定房	内大臣
宮内	三条実忠	権大納言
大蔵	三条公明	中納言
中務	三条実治	左大弁

八省卿の新人事（建武元年12月）

されたことは、政権の存立にかかわる重大事であった。新政府の樹立によって、わが世の春を謳歌したのは、楠木正成、伯耆守名和長年、結城親光、千種忠顕らであり、かれらは「三木一草《さんぼくいっそう》」と称されて、その栄達ぶりを羨望されていた。

文観《もんかん》も、そのような一人であった。かれは、幕府調伏の修法と祈禱の効験によって天皇の寵遇をうけ東寺《とうじ》一長者《いちのちょうじゃ》に任命された。かれは、幕府調伏の科《とが》によって硫黄ヶ島に流されていたが、新政権の成立とともに京都に帰り、天皇の護持僧《ごじそう》として威勢すこぶる盛んであった。『太平記』（巻十二）は、

何ノ用トモナキニ財宝ヲ倉ニ積ミ、貧窮ヲ扶《たす》ケズ。傍ニ武具ヲ集メテ、士卒ヲ逞《たくまし》ウス。媚《こび》ヲ成シ、交《まじわり》ヲ結ブ輩《ともがら》ニハ、忠ナキニ賞ヲ申シ与ヘラレケル間、文観僧正ノ手ノ者ト号《ごう》シテ、党ヲ建テ、臂《ひじ》ヲ張ル者、洛中ニ充満シテ、五六百人ニ及ベリ。

とそのありさまを記している。

国司と守護の併置

天皇は、記録所、恩賞方、武者所、雑訴決断所などの中央諸機関を整備充実させるとともに、地方

行政機関として各地に国司と守護を併置させて治安の維持にあたらせた。国司と守護の併置について、佐藤進一氏は、後醍醐天皇が中国の宋王朝の制度を学び、国司と守護とを相互に牽制させるために併置したのであると説明している（『南北朝の動乱』中央公論社　一九六五年）。国司には公家が多く任命され、守護には武家が補任《ぶにん》された。両者の権限については、犯罪者の捜索・検挙や犯罪人の所領・財産の没収手続きは守護の職権に、没収した所領・財産の処分権は国司に属していたという。与えられた権限は国司のほうがはるかに大きかった。

武士たちは、

今ノ如《ごと》クニテ公家一統ノ天下ナラバ、諸国ノ地頭、御家人ハ皆奴婢《ぬひ》・雑人《ぞうにん》ノ如クニテ有ルベシ。哀《あわれ》イカナル不思議モ出来テ、武家四海ノ権ヲ執《と》ル世中ニマタ成《なれ》カシ。

と建武政権への不満をつのらせ、武家による天下の再統一を切実にのぞみはじめたのである（『太平記』巻十二）。

「尊氏ナシ」

北畠親房と護良親王とによって構想され、天皇によって推進された奥州将軍府は、陸奥の国府多賀城に置かれ、東北地方を統治しようとするものであった。陸奥守北畠顕家が義良親王を奉じて、一三三三年（元弘三）十月二十日に京都を出発した。同将軍府には、引付・政所《まんどころ》・侍所・式評定衆・寺社奉行・安堵奉行などの職制が定められ、旧幕府官僚にまじって、在地の有力武将がそれに任命された。この将軍府を設営した目的は、奥羽の地における広大な北条得宗領の解体と再把握、得宗家ゆかりの在地武士を再編成することであり、きわめて不安定なこの地域の治安を維持することにあった。さらには、奥羽をおさえることにより、関東の中心である鎌倉の動静を探索し、関東の諸豪族を吸引することであったとされている。

北畠顕家らの一行よりおくれること二ヵ月、相模守足利直義が成良親王を奉じて鎌倉へ向かい、鎌倉将軍府を設置した。関東十ヵ国の武士を管轄する鎌倉府の設営は、天皇の奥州将軍府構想に対する足利尊氏（八月に討幕第一の功労者として天皇の名「尊治《たかはる》」の一字をあたえられて高氏を尊氏と改名）のまき返し案である。事実、奥州将軍府に吸引されつつあった武将の多くが鎌倉府にあつまることとなり「万人あえて京都に帰伏せず」（『梅松論』）という事態になったのである。両将軍府の設置は、天皇と尊氏との間にひそかに進行していた対立の所産であった。

尊氏は、武蔵守に任命されたものの、中央機関のどの部局にも所属しなかった。そのため、「尊氏ナシ」（『梅松論』）という言葉が、ある種の畏怖の念をもって諸所で囁《ささや》かれていた。討幕の成功と同時に、独自の奉行所を設置して、全国各地の武将を糾合しつつあった尊氏の動静は、天皇とその側近の人々にとって大きな脅威となっていたのである。

露呈した政治感覚の欠如

一三三四年（元弘四）一月二十九日、後醍醐天皇は、年号を元弘から建武に改めた。ついで、天皇の絶対性を誇示するために大内裏《だいだいり》の造営を発表した。戦乱の疲弊がなお残っている時点において、莫大な経費を必要とする造営の強行は民衆生活の安定をまったくかえりみないことを意味する。費用を賦課された諸国の武士や、その負担を転嫁された地方農民のはげしい反対により、造営計画は挫折したのである。北畠親房ですら「民ノ賦斂《ふれん》ヲアツクシテ、ミズカラノ心ヲホシキママニスルコトハ」乱世を生みだす要因であると指摘している（『神皇正統記』）。天皇の政治感覚の欠如は明白である。この間、天皇は諸国一・二宮の本家職・領家職を停廃し、諸国の関所を停止し、五月には徳政令を出したが、十分な効果はあがらなかった。

「明王聖主《めいおうせいしゅ》」（『東寺百合文書』）への期待は、むなしく裏ぎられ、崩れ去っていった。「京童《きょうわらんべ》ノ口《くち》ズサミ」を借りた「天下一統メヅラシヤ」（『二条河原落書』）の語は、後醍醐政権崩壊の予告である。

天皇吉野へ

北条残党の反乱

建武政権に対する地方武士の不満が高まりつつあった。かれらの不満は、まず、北条氏余党を擁立

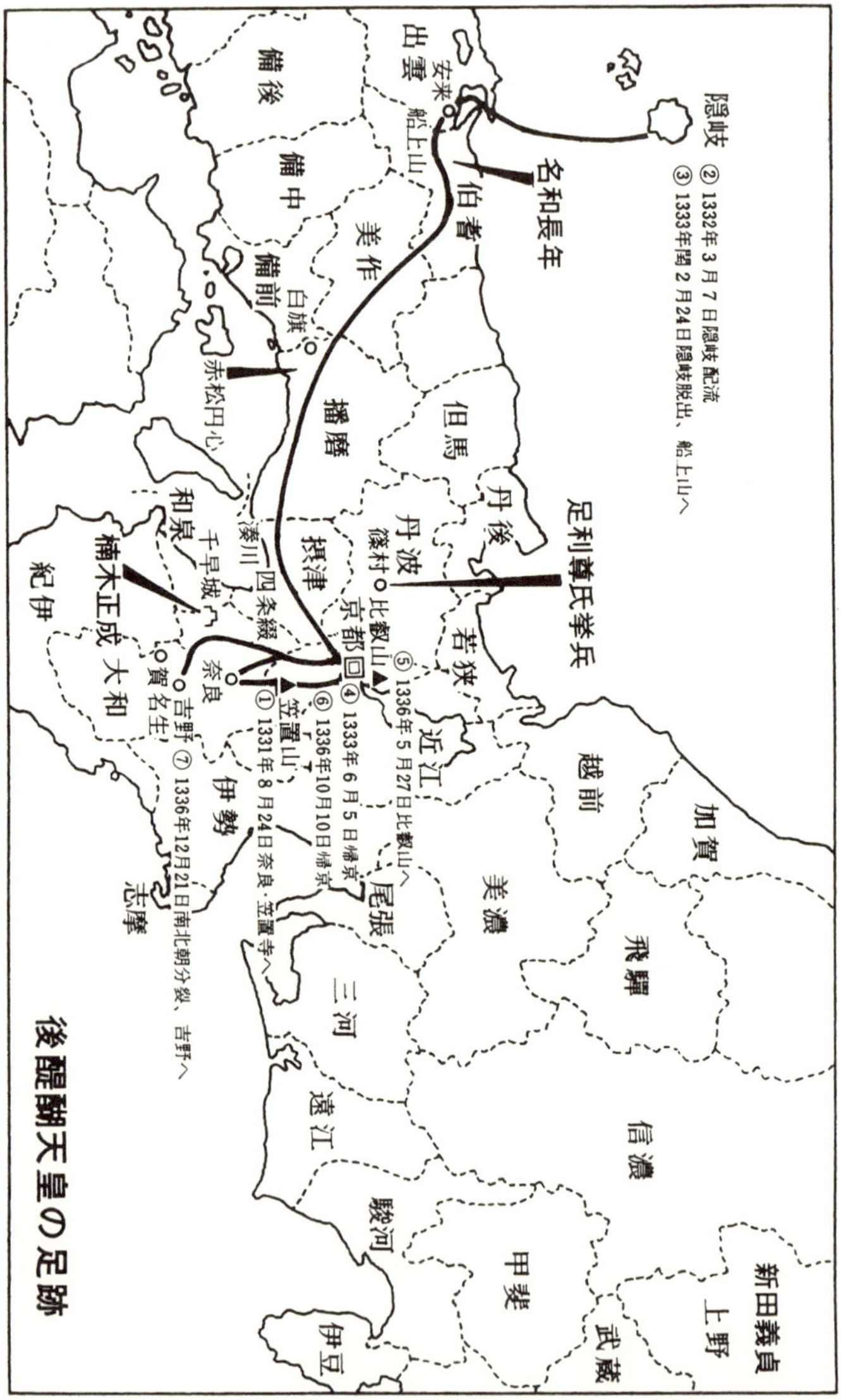
隠岐
② 1332年3月7日隠岐配流
③ 1333年閏2月24日隠岐脱出、船上山へ
名和長年
出雲
安来
船上山
伯耆
備後
備中
美作
備前
白旗
赤松円心
播磨
但馬
丹後
足利尊氏挙兵
丹波
篠村
摂津
湊川
和泉
千早城
四条畷
楠木正成
紀伊
京都
比叡山
⑤ 1336年5月27日比叡山へ
④ 1333年6月5日帰京
⑥ 1336年10月10日帰京
笠置山
① 1331年8月24日奈良・笠置寺へ
奈良
賀名生
吉野
⑦ 1336年12月21日南北朝分裂、吉野へ
大和
伊勢
志摩
若狭
近江
越前
加賀
美濃
尾張
飛騨
三河
遠江
信濃
駿河
甲斐
伊豆
上野
武蔵
新田義貞

後醍醐天皇の足跡

しての反乱となって噴出する。奥羽の北部で、名越時如《なごえときゆき》、安達高景《あだちたかかげ》らが動き、つづいて、一三三四年（元弘四）正月には、規矩高政《きくたかまさ》、糸田貞義《いとださだよし》らが北九州で、三月には、渋谷氏・本間氏の一族が関東で挙兵し、鎌倉にまで侵入した。そして、六月、前年来くすぶりつづけていた護良親王と尊氏との対立が表面化する。洛中に、親王による尊氏打倒の噂が流れ、尊氏側は、自邸を警備し、二条大路に充満する兵士を動員して対応した。この騒乱の首謀者が後醍醐天皇であるとみた尊氏は、天皇にはげしくつめより、その責任を問いただした。天皇は、「全く叡慮《えいりよ》にあらず、護良親王の張行《ちようぎよう》の趣きなり」（『梅松論』）と陳答して尊氏の譴責をのがれたという。かつての正中の変のさいも、元弘の変においても、そしていままた、天皇は言葉巧みに責任を回避する。のち、鎌倉に幽閉された親王は「武家よりも君のうらめしきわたらせ給ふ」（『梅松論』）と独言したと伝えられる。万里小路藤房が、歌舞・蹴鞠《けまり》・競馬にふける天皇に対して、「痛ましきかな、今の政道」（『太平記』巻十三）にはじまる諫言《かんげん》をのこして、いずこへともなく姿をくらましたのは十月のことであった。

一三三五年（建武二）六月、西園寺公宗を中心とする大規模な陰謀事件が発覚した。この反後醍醐天皇運動は、天皇暗殺の謀議を含むものであり、同年七月には、北条時行が信州において建武政権に対して公然と反旗をひるがえして、鎌倉を攻撃して足利直義の守備軍を破った（中先代の乱）。

足利尊氏の挙兵

八月、尊氏は、直義軍を救援し、鎌倉を奪還するために京都を出発した。この時、尊氏は、征夷大将軍に補任してほしいと要求したが、後醍醐天皇はそれを許さなかった。天皇と尊氏とのあいだの亀裂は、こうして決定的となったのである。尊氏は、在京武士の大半をひきいて東国にむかい、直義とともに時行軍を破り鎌倉を奪回したが帰京せず、十一月には、新田義貞誅伐《ちゆうばつ》を名目に反後醍醐の立場を明確にしたのである。

一三三六年（建武三）正月から、六月にかけて、京中合戦、尊氏の西走、湊川の合戦が続いた（建武の乱）。湊川合戦にあたって、楠木正成は「天皇は叡山にのぼって、京都をあけわたし、尊氏の軍勢を京都に入れること。自分は河内に帰って兵を養い、敵の糧道を断つ。しかるのち、叡山と河内の両方面から挟撃するのがよいのではないか」と献策した。また、「新田義貞を誅伐して、尊氏を召しかえされ、君臣和睦をすべきである。使者として自分が出かけるつもりである」（『梅松論』大意）と涙ながらに語ったという。しかし、参議坊門清忠《ぼうもんきよただ》の反対にあい、天皇も正成の案をうけいれず、兵庫への下向を命令した。天皇は重大な局面にあたって、「いやしき正成が申状」（『梅松論』）を選択しなかったのである。

今度は君の戦必ず破るべし。正成、和泉河内両国の守護として勅命を蒙《こうむ》る間、軍勢を催すに、親類一族猶《なおもつ》以て難渋の色あり。何に況んや国の人民においてをや。是《こ》れ則《すなわ》ち、天下君をそむけ奉る証拠なり。

とは、正成が尼崎から天皇へ上奏した最後の言葉である。民衆の支持は、正成にはなく、いわんや、天皇にもなかったのである。

吉野南朝の衰運

湊川合戦ののち、後醍醐天皇方の敗色は日々濃厚となり、天皇は、二度までも山門（延暦寺）へ行幸した。

十月、足利尊氏の強請により、山門から京都に帰るにあたって、天皇は、恒良《つねよし》、尊良《たかよし》両親王とともに、新田義貞を越前に下向させた。山門をくだった天皇は、花山院《かざんいん》に軟禁され、直義から神器を光明天皇に渡すよう強請された。十一月二日、神器授受の儀がとりおこなわれた。

天皇が北畠親房のすすめによって花山院を脱出し、楠木一族の案内で、河内東条を経て吉野に入ったのは十二月二十一日のことであった。十二月二十五日、天皇は、

子細ありて出京の処《ところ》、直義ら申沙汰《もうしざた》せしむるの趣、かたがた本意に相違す。当時のごとくんば、国家として、愈《いよいよ》その益なきの間、なお本意《ほい》を達せんがために、洛中を出て、和州吉野郡に移住し、諸国に相催し、かさねて義兵をあぐるところなり。

との勅書を北畠顕家に与えた（『白川文書』）。吉野に移っても、意気なお軒昂であった。

しかし、いかんせん、吉野山中から京都への道は険難であり、はてしなく遠いものであった。天皇が、吉野から全国各地の南軍に京都奪還の檄《げき》を飛ばしたものの、一三三七年（建武四・延元二）三月には越前金ヶ崎城が陥《お》ち、翌年五月には、北畠顕家が高師直軍に敗れて石津で敗死し、閏七月には、新田義貞が越前藤島で戦死するなど、南朝の勢力は急速におとろえていった。この間、側近の吉田定房や坊門清忠も吉野山中で死去した。

天皇が、

事とはん　人さへまれに　成りにけり
我世の末の　程《ほど》ぞしらるる

と、うちつづく悲運を詠んだのは、このころのことである（『新葉和歌集』）。

諸皇子分遣策

このような頽勢《たいせい》を挽回するために、後醍醐天皇が立案した計画は、北畠顕信を鎮守府将軍に任命し、親房とともに義良親王を奉じて陸奥へ下向させ、さらに、宗良親王を遠江へ、満良《みつよし》親王を土佐へ派遣しようとするものであった。山岳重畳《ちょうじょう》たる吉野から東国にむかうための玄関は伊勢の大湊《おおみなと》であった。吉野から伊勢への交通路は、伊賀の名張郡内に城郭をかまえた黒田悪党が掌握していた（『東大寺文書』）。黒田悪党は、鎌倉末期に禁裏供御人《きんりくごにん》として後醍醐天皇とむすび、天皇の山門行幸にさいして陣中に加わって以後、一貫して南朝を支持していた。天皇の立案は、黒田悪党の存在なくしては考えられないものであった。黒田悪党の援護のもと、東国をめざして大船団が大湊を出航したのは、一三三八年（暦応元・延元三）九月のことであった。しかし、この船団は、遠州灘をすぎたあたりで暴風雨にまきこまれて遭難し、乾坤一擲《けんこんいってき》の計画も失敗に帰したのである。義良親王の船は尾張の篠島《しのじま》へ吹きもどされ、宗良親王の船は遠江白羽《しらは》の湊へ、親房の船は常陸東条浦へと漂着した。

その後、義良親王は吉野にもどり、親房は小田治久《おだはるひさ》にむかえられて神宮寺《じんぐうじ》城へはいり、宗良親王は井伊城へはいった。

死してなお北闕の天を望む

吉野潜幸以来、二年九ヵ月、不屈の精神をもちつづけてきた後醍醐天皇も、一三三九年（延元四）の秋霧には勝てず、ついに病床に臥したのである。八月十五日、皇位を義良親王（後村上天皇）にゆずり、翌十六日、足利方を悉《ことごと》く滅亡させせよと命じた天皇は苦しい息を吐きつつ、「玉骨ハタトヒ南山ノ苔ニ埋ルトモ、魂魄《こんぱく》ハ常ニ北闕《ほくけつ》ノ天ヲ望マント思フ」と遺言し、左手に法華経の五の巻を持ち、右手に御剣を持って死去したという（『太平記』巻二十一）。

天皇死去の報は八月十八日には京都にもたらされた。中院通冬はその日記に「去十六日崩御《ほうぎょ》之由、その聞あり。連々巷説《こうせつ》あるの間、猶信用するにたらず」（『中院一品記』暦応二年八月十九日条）と書き、中原師守もまた「吉野院去十六日御事之由、有其説、実否可尋決」（『師守記』暦応二年八月十九日条）と記している。天皇の個性があまりに強烈であり、巨大であっただけに、春秋五十二というその突然の死を多くの人々は信じなかったのである。

しかし、日を経て、天皇の死が確実であることを知った時、通冬は「天下の重事、言語道断の次第なり。公家の衰微、左右あたわず。愁歎のほか他事なし。諸道の再興はひとえに、彼の御代にあり」（『中院一品記』暦応二年八月二十八日条）とのべている。

後醍醐天皇が、公家社会の与望をになう人物であったことは、その死によって、公家の衰微することと必須であるという通冬の言葉が雄弁に物語っている。

天皇が不撓不屈《ふとうふくつ》の精神をもった行動的な人物であったことは、隠岐脱出、吉野潜幸などに明らかである。そして権謀術数にたけた専制君主であったことは、正中の変にさいしての答弁や叡山からの京都還幸にさきだって、北陸王朝の樹立をはかって新田義貞、尊良・恒良両親王を越前に向かわせたこと、光明天皇へ偽の神器を渡していることなどから、うかがい知ることができる。天皇はまた、合理的な儒学を理解する一方で、悪魔的な呪法にも興味を示し、それらを適宜につかいわけた稀代の政治家でもあった。

しかし、天皇の目は、公家社会にのみ注がれ、民衆の動向や時代の趨勢にはむけられなかった。そのことは綸旨の神聖化や、大内裏の造営、重税の賦課などに明らかである。後醍醐天皇は「君子節嗜《せっし》欲《よく》」（『説苑』）という意味での君子ではなかったといえるのではなかろうか。

二の章　足利尊氏の叛旗

喪中の出陣

一三三一年（元徳三・元弘元）八月、後醍醐天皇による再度の討幕運動が開始された。天皇は笠置《かさぎ》に布陣し、近隣の土豪・野伏らに参戦を呼びかけた。これに応じて九月には楠木正成が赤坂城において挙兵した。『太平記』（巻三）は、

河内ノ国ヨリ早馬ヲ立テ「楠兵衛正成ト云者御所方ニ成テ旗ヲ挙ゲル間、近辺ノ者共、志アルハ同心シ、志ナキハ東西ニ逃隠ル、則国中ノ民屋ヲ追捕《ついぶ》シテ、兵糧ノ為ニ運取、己ガ館ノ上ナル赤坂山ニ城郭ヲ構へ、其勢五百騎ニテ楯籠リ候、御退治延引セバ、事御難義ニ及候ナン、急ギ御勢ヲ可被向」ト告申ケル。

と記している。六波羅探題は急使を鎌倉へと派遣した。六波羅からの派兵の要請に応じて、幕府は、大仏貞直《おさらぎさだなお》、金沢貞冬《さだふゆ》らを大将として、二十万の兵士を進攻させた。このとき、足利高氏（のち尊氏）

も動員されたが、九月五日に父貞氏《さだうじ》を失い、その仏事も終わらぬうちの動員であっただけに、高氏は幕府の処置を快く思わなかった。このときの合戦は幕府軍の大勝利に帰し、天皇は隠岐へと流刑された。

一三三二年（正慶元・元弘二）暮れから翌年にかけて、護良《もりよし》親王、楠木正成、赤松則村《のりむら》らの軍勢が畿内の各地で再挙した。鎌倉幕府は、またもや大軍を派遣し、京都大番役《おおばんやく》を勤仕中の武蔵・上野・下野の御家人たちを加えて、吉野・赤坂・千早の各城々を包囲した。しかしながら、正成や護良親王の令旨《りょうじ》に応じた野伏らの行動に支えられて、千早城は陥落せず、逆に、包囲した鎌倉軍のほうが不利な情勢へと追い込まれつつあった。『太平記』（巻七）は、

去程ニ、吉野、戸津河《とつがわ》、宇多《うた》、内郡《うちこほり》ノ野伏共大塔宮《おおとうのみや》ノ命ヲ含ンデ、相集ル事七千余人、此ノ峯、彼ノ谷ニ立隠テ、千劒破《ちはやよせて》寄手共ノ往来ノ路ヲ差塞グ。コレニヨリ、諸国ノ兵ノ兵糧忽《たちまち》ニ尽《つき》テ、人馬共ニ疲レケレバ、転漕《てんそう》ニ怺兼《こらえかね》テ百騎、二百騎引テ帰ル処ヲ、案内者ノ野伏共、所々ノツマリツマリニ待受テ、討留ケル間、日々夜々ニ討ルル者数ヲ知ズ。希有ニシテ命計《ばかり》ヲ助カル者ハ、馬・物具ヲ捨テ、衣裳ヲ剝取レテ裸ナレバ、或ハ破タル蓑《みの》ヲ身ニ纏《まとい》テ、膚計ヲ隠シ、或ハ草ノ葉ヲ腰ニ巻テ、恥ヲアラハセル落人共、毎日ニ引モ切ラズ十方へ逃散ル、前代未聞ノ恥辱也。

と、野伏の活躍を描いている。

護良親王の令旨に応じた赤松軍の行動も瞠目すべきものであった。播磨佐用《さよう》郡苔縄《こけなわ》城で挙兵した赤

松則村（円心）は、一三三三年閏二月には摂津に進出して摩耶《まや》山に築城し、六波羅軍と攻防戦を展開した。赤松軍は、一族・郎党を中核として、近隣の在地領主層や、野伏、溢者《あぶれもの》、悪党などから構成されていた。三月に入ると、山崎の地にまで進攻し、ここを拠点として京都をうかがうに至った。三月十五日の六波羅軍との合戦における赤松則村の作戦はみごとである。六波羅軍は五千余騎、赤松軍は三千余騎であった。則村は自軍を三手に分け、

一手ニハ足軽ノ射手ヲ勝《すぐっ》テ五百余人、小塩《こしお》山へ廻ス。一手ヲバ、野伏、騎馬ノ兵ヲ少々交テ千余人、狐河《きつねがわ》ノ辺ニ引ヘサス、一手ヲバヒタスラ打物ノ衆八百余騎を汰《そろえ》テ、向日《むこう》明神ノ後ナル松原ノ陰ニ隠《かくしお》置ク。

という戦法を採り、進撃してきた六波羅軍を所々に包囲し、壊滅的な打撃を与えたのである。則村は、自軍を、射手《いて》衆、打物《うちもの》衆、騎馬衆に編制し、それぞれに得意とする武器を持つ集団を有効に組み合わせ、機動性を十二分に発揮させて合戦を有利に展開したのである。赤松軍の構成とその戦法は、騎馬集団による合戦に固執した鎌倉武士団のそれとははっきり異なっており、ここに、前代とは異質な戦闘集団の成立を認めることができよう。

六波羅軍の相次ぐ敗北、千早城における戦線の膠着は、幕府方にとってあきらかに不利であった。このような戦局を一挙に挽回するために、幕府は北条一門の名越高家《なごえたかいえ》と、足利高氏とを大将軍に任命し、大軍の出発を命じた。このとき、高氏は病床にあった。「御上洛延引心得ラレズ」との矢のよう

な催促に、高氏は激しく憤ったものの、高時からの出動命令には抗しきれなかった。彼は、やむをえず出陣した。大軍を一時も早く派遣させることにのみ夢中であった高時には、

我父ノ喪ニ居テ三月ヲ過ギザレバ、悲歎ノ涙イマダ乾《かわか》ズ、又病身ヲ侵シテ、負薪《ふしん》ノ憂イマダヤマザルトコロニ、征罰ノ役ニ随ヘテ、相催サルル事コソ遺恨ナレ。

という高氏の心中を察することができなかった（『太平記』巻九）。再度にわたる無理な出陣要請は、高氏の心を北条氏から離反させる決定的要因となったのである。

反幕の行動

一三三三年三月二十七日、足利高氏は妻登子《とうし》と千寿王《せんじゆ》（のちの義詮《よしあきら》）を人質に置き、一族被官《ひかん》三千余騎を率いて鎌倉を出発した。根本被官の高《こう》一族や、木戸《きど》、倉持《くらもち》、上杉氏らがそれぞれの家臣団を引き連れて高氏に従った。高氏は、領国三河の矢作宿《やはぎ》において一門の長老吉良貞義《きらさだよし》に北条得宗《とくそう》家からの離反を打ちあけ、ただちに密使を後醍醐天皇のもとへと派遣した。

このころ、天皇は島前《どうぜん》海賊衆の協力のもとに隠岐を脱出して、伯耆名和湊《なわみなと》の長者名和長年の援助を受け、船上山《せんじようせん》に城郭を構えて立てこもっていた。そして、この地から諸国の有力武将へ参陣を呼びかけていたのである。三月十七日には、杵築《きづき》社の神主らに対して、

足利氏略系図

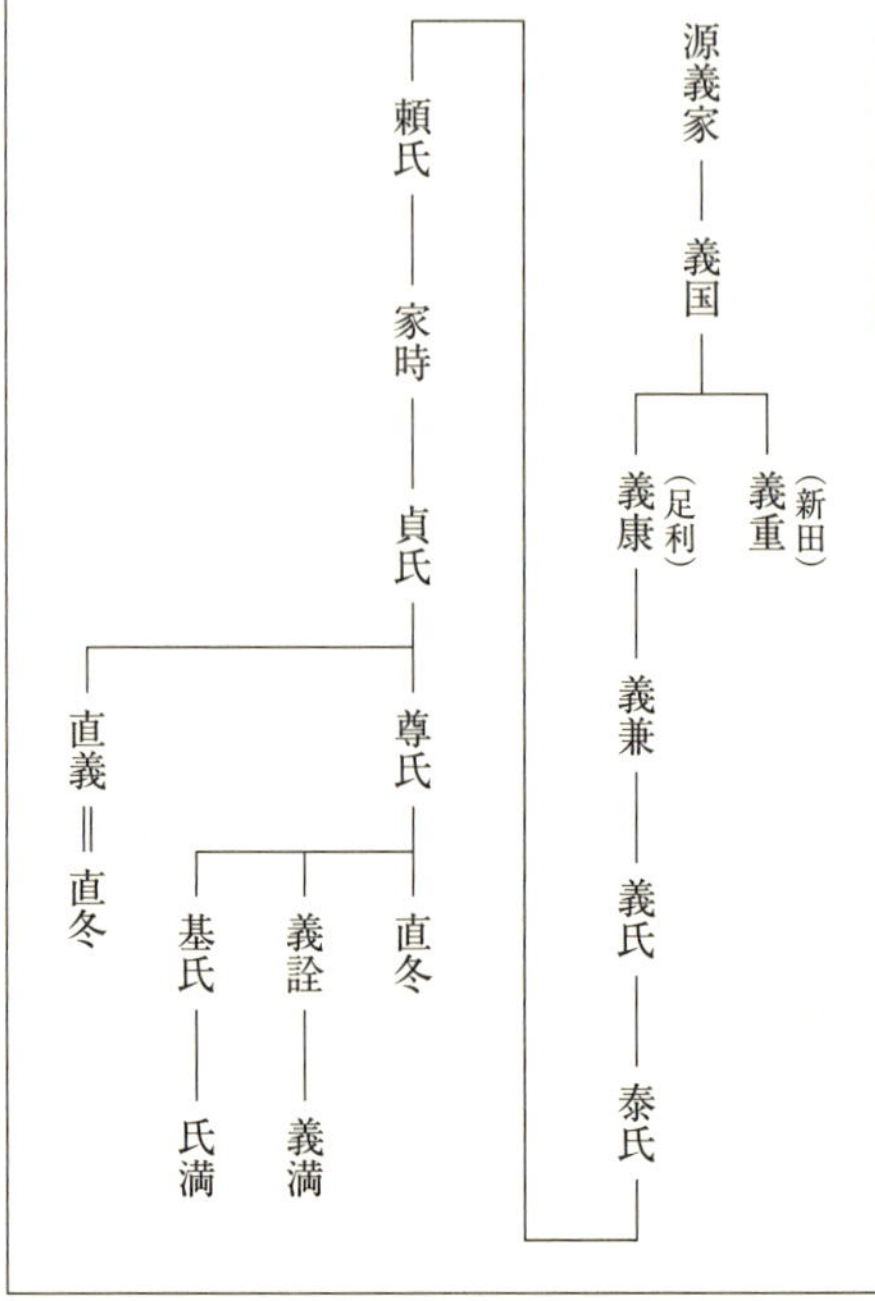

宝劍の代に用いられんがために、旧神宝の内、御剣あらば渡し奉るべし。

との綸旨《りんじ》を発している。こうして、全国の主要な武将たちと天皇との間に密約が結ばれ、広範な反幕府戦線がひそかに、しかも確実に形成されつつあった。赤松・名和らの悪党的武士、天皇家領の武士、得宗政治に不満な武士、足利・新田らの外様《とざま》有力御家人、比叡山・粉河寺《こかわでら》などの僧兵、北条氏の勢力拡大の犠牲となった旧御家人らが天皇のもとに結集したのである。

足利高氏は四月十六日に入京。二十二日には上野の有力御家人岩松経家にあてて、北条氏追討のための挙兵を催促する書状を発している。高氏は、挙兵の準備をひそかに進めつつ時を待っていた。四月二十七日、高氏の兵団は山陰道を伯耆に向けて出京した。やがて、山陽道に向かった名越高家が赤松則村との合戦で戦死したことを知るや、丹波篠村《しのむら》に布陣して、後醍醐天皇との密約に従って反幕府の旗幟《きし》を鮮明にした。高氏は、挙兵と同時に、陸奥の結城宗広《ゆうきむねひろ》、信濃の小笠原貞家《さだいえ》、薩摩の島津貞久《さだひさ》ら、全国の有力武将に自軍に参加するようにとの軍勢催促状を発している。四月二十九日付の島津貞久あての催促状は、縦八・五センチメートル、横七・三センチメートルの小絹布に、

伯耆国より、勅令を蒙り候の間、参じ候、合力せしめたまい候はば、本意に候、恐々謹言。

と書かれている。おそらく同様の書状を身に隠した高氏の密使が全国各地の有力武将のもとへと派遣されたのであろう。五月七日、近国武将の参加を待って、高氏の軍勢は京都に

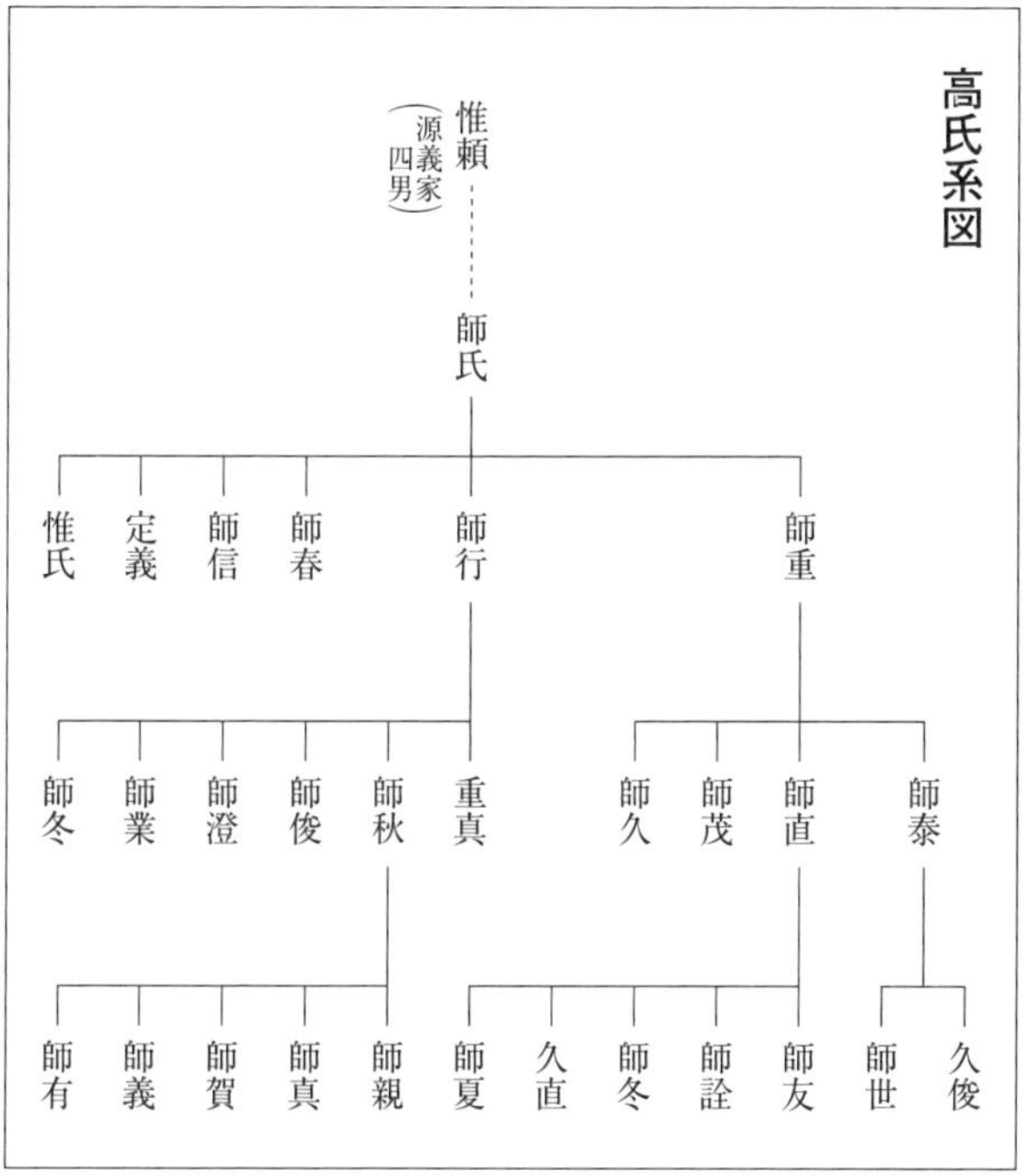

高氏系図

突入し、赤松・千種《ちぐさ》の軍勢と協力しつつ、翌日には、六波羅軍を壊滅させたのである。この合戦の際、足利軍の大高重成《おおだかしげなり》は、

八幡殿《はちまんどの》ヨリ以来、源氏代々ノ侍トシテ、流石《さすが》ニ名ハ隠レナケレ共、時ニ取テ名ヲ知ラレネバ、然ルベキ敵ニ逢難《あいがた》シ、是ハ、足利殿ノ御内ニ大高二郎重成トイフ者也。

と声高に名のったといわれている（『太平記』）。おそらく、足利氏も北条得宗家と同様、被官を統率するための御内人制を持ち、御内侍所《さむらいどころ》のような独自の機構をつくっていたのであろう。

足利・赤松・千種の軍勢に敗れた六波羅探題の一行は、光厳天皇を擁して鎌倉をめざしたが、彼らの逃避行の前途は平坦なものではなかった。北条仲時《なかとき》らの一行が近江守山《もりやま》にさしかかったとき、五、六百人の野伏の一団が、その行く手を遮った。仲時らが、

忝《かたじけなく》モ一天ノ君、関東ヘ臨幸《りんこう》成処ニ、何者ナレバ加様ノ狼藉《ろうぜき》ヲバ仕《つかまつ》ルゾ。

と非難すると、

如何ナル一天ノ君ニテモ渡ラセ給へ、御運已《すで》ニ尽テ、落サセ給ハンズルヲ通シ進ラセントハ申スマジ。輙《たやす》ク通リ度思食《たくおぼしめ》サバ、御伴ノ武士ノ馬物具ヲ皆捨サセテ、御心安ク落サセ給へ。

と、同時に喊声《かんせい》を上げ哄笑したという（『太平記』巻九）。この逸話は、古い権威をまったく意に介さない、新しい集団が形成され、歴史の前面に登場してきたことを示している。歴史は、確実に、しかも、急速に展開しつつあったのである。

後醍醐天皇と尊氏

一三三三年六月、京都に帰った後醍醐天皇は、まず、持明院統《じみょういんとう》の後伏見・花園両上皇の所領を安堵し、公家・寺社などの所領を安堵し、続いて討幕の功労者への除目《じもく》を行った。鎌倉幕府の崩壊によって発生した混乱状況を鎮静させ、天皇親政の実を示そうとしたのである。高氏は討幕功労の第一人者として内昇殿《ないしょうでん》を許され、六月五日に鎮守府将軍に、十二日に従四位下左兵衛督に、八月五日には、従三位となり武蔵守を兼ね、天皇の偏諱《へんき》を与えられて「高」氏を「尊」氏と改めた。そして、伊勢国柳御厨《やなぎのみくりや》、尾張国玉江荘、遠江《とおとうみ》国池田荘、豊前国門司関など三〇ヵ所の所領を与えられた。弟直義《ただよし》も左馬頭となり、相模国絃間《つるま》郷、近江国広瀬荘など一〇ヵ所の所領を与えられた（『比志島文書』補の章表4を参照）。これらの所領のほとんどは、旧北条氏領であり、鎌倉幕府の崩壊とともに没収されたものであった。

後醍醐天皇の建武政権は、記録所、雑訴決断所《ざっそけつだんしょ》、武者所《むしゃどころ》などの中央機関をととのえるとともに、地方行政機関として、各地に国衙《こくが》と守護所《しゅごしょ》を併置し、特に、奥羽と関東とを重視して、奥州将軍府と鎌倉将軍府とを設置した。十月二十日、陸奥守北畠顕家《あきいえ》が義良《のりよし》親王（のちの後村上天皇）を奉じて陸奥の国府多賀城《たがじょう》へ出発した。そして、十二月には、相模守足利直義が成良《なりよし》親王とともに鎌倉へ下向し、鎌倉将軍府を開設した。建武政権は天皇の「朕が新儀は未来の先例たるべし」との信念のもとに出発したものの、天皇の志向する政治と現実の乖離《かいり》はあまりにも大きかった。すべての所領の安堵は、天皇の綸旨によらねばならないとの方針は、武士たちからの強い反発を呼んだ。恩賞は公家と一部僧侶に厚く、武士たちには薄いという不公平なものであり、公武の対立を助長する原因であった。千種忠《ただ》顕《あき》の場合は、

主上隠岐国へ御遷幸《ごせんこう》ノ時、供奉《ぐぶ》仕《つかまつり》テ、六波羅ノ討手ニ上リタリシ忠功ニ依テ、大国三箇国、闕《けつ》所《しょ》数十箇所拝領セラレタリシカバ、朝恩身ニ余リ、其侈《おご》リ目ヲ驚カセリ、其重恩ヲ与ヘタル家人共ニ、毎日ノ巡酒《じゅんしゅ》ヲ振舞セケルニ、堂上ニ袖ヲ連ヌル諸大夫、侍三百人ニ余レリ。其酒肉珍膳ノ費ヘ、一度ニ万銭《まんせん》モ尚足ルベカラズ。

といわれ、文観《もんかん》僧正の振舞いは、

適《たまたま》一旦名利ノ境界ヲ離レ、既ニ三密瑜伽《さんみつゆが》ノ道場ニ入給シ益モナク、只利欲、名聞ニノミオモムキテ、更ニ観念定坐《じょうざ》ノ勤ヲ忘レタルニ似リ。何ノ用トモナキニ財宝ヲ倉ニ積ミ、貧窮ヲタスケズ、傍ニ武具ヲ集メ士卒ヲ逞《たくましう》ス、媚ヲ成シ、交リヲ結ブ輩《ともがら》ニハ、忠ナキニ賞ヲ申シ与ヘラレケル間、文観僧正ノ手ノ者ト号シテ、党ヲ建テ、臂《ひじ》ヲ張ル者、洛中ニ充満シテ、五六百人ニ及ベリ。

というありさまであった（『太平記』巻十二）。

足利尊氏は、新政権の中央機関のどの役所にも出仕せず、六波羅探題を陥落させるやただちに奉行

所を設けて、上洛する全国の武将たちを彼のもとに吸引しつつあった。

薩摩の御家人良暹《りようせん》は、元弘三年七月三日に、

薩摩国御家人新田宮権執印良暹、世上動乱の事により、馳参在京せしめ候。この旨を以て御披露あるべく候。恐惶謹言。

との書状を、奉行所に提出し、承判《しようはん》を与えられている。七月だけでも、陸奥の石河時光《いしかわときみつ》、安芸の三戸《みと》頼忠《よりただ》、周防《すおう》の平子《ひらこ》唯円《ゆいえん》、薩摩の篠原道国《しのはらみちくに》、遠江の八木秀清《やぎひできよ》、肥後の上島惟頼《うえじまこれより》らが、尊氏の配下に加わっている。このころ、「公家に口ずさみあり、尊氏なしという詞《ことば》を好みつかいける」という状況であったといわれているが、尊氏の行動は、貴族たちの間で、ある種の畏怖《いふ》の念を持ってみられていたのではなかろうか。『梅松論《ばいしようろん》』は、このような状況を「公家と武家水火の争いにて、元弘三年も暮れにけり」と、簡潔に記している。

建武の乱

一三三四年（建武元）一月、足利直義は、関東一〇ヵ国を管轄するために、関東廂番《ひさしばん》を置いた。鎌倉将軍府の設置は、後醍醐天皇の奥州将軍府構想に対する尊氏の巻き返し策であった。このため、奥州将軍府へ吸収されつつあった東国の武将の多くが鎌倉府へ集まることとなり、「万人アヘテ京都

ニ帰伏《きふく》セズ」という事態を生みだしたのである。直義によって廂番に組織されたのは、渋川義季《しぶかわよしすえ》・仁木義長《よしなが》・河越高重《かわごえたかしげ》・岩松経家・上杉憲顕《のりあき》・上杉重能《しげよし》・石塔範家《いしどうのりいえ》らであった。

翌年六月、西園寺公宗《さいおんじきんむね》らの反乱計画が露顕《ろけん》した。七月には、北条高時の遺子時行《ときゆき》が建武政府に対して叛旗をひるがえした。諏訪頼重《すわよりしげ》に擁立された時行は、信濃の守護小笠原貞宗の軍を破って、たちまちのうちに信濃一国を手中に収め、鎌倉をめざして進撃を開始した。時行軍は、足利軍と武蔵女影《おなかげ》原《はら》・小手指原《こてさしがはら》・府中において激戦を展開した。二万余騎の時行軍は、五百余騎の渋川義季軍、一千余騎の小山秀朝《おやまひでとも》軍を粉砕して鎌倉の防衛線を突破した。『梅松論』は、

凶徒ハヤ、一国ヲ相随へ、鎌倉ニ責上《せめあがる》間、渋川刑部、岩松兵部、武蔵女影原ニオイテ、終日合戦ニ及ブトイエドモ、逆徒《ぎやくと》手《て》シゲクカカリシカバ、渋川刑部、岩松ノ兵部両人自害ス。重《かさね》テ、小山下野守秀朝、発向セシムトイエドモ、戦難儀ニオヨビシホドニ、同国ノ府中ニオイテ、秀朝ヲ始トシテ一族家人数百人自害ス。

と記している。渋川義季、岩松経家らは、先に関東廂番に組織された有力な武将であった。怒濤のごとき時行軍の進撃をくいとめることができず、直義が鎌倉を放棄したのは七月二十五日のことであった。直義は、成良親王、義詮とともに三河の矢作宿まで敗走した。

足利尊氏が、直義らの救援のために京都を出発したのは八月二日のことであった。このとき、在京の武士の多くが尊氏に従ったといわれている。このことは、尊氏が建武政権の中枢に加わることなく、

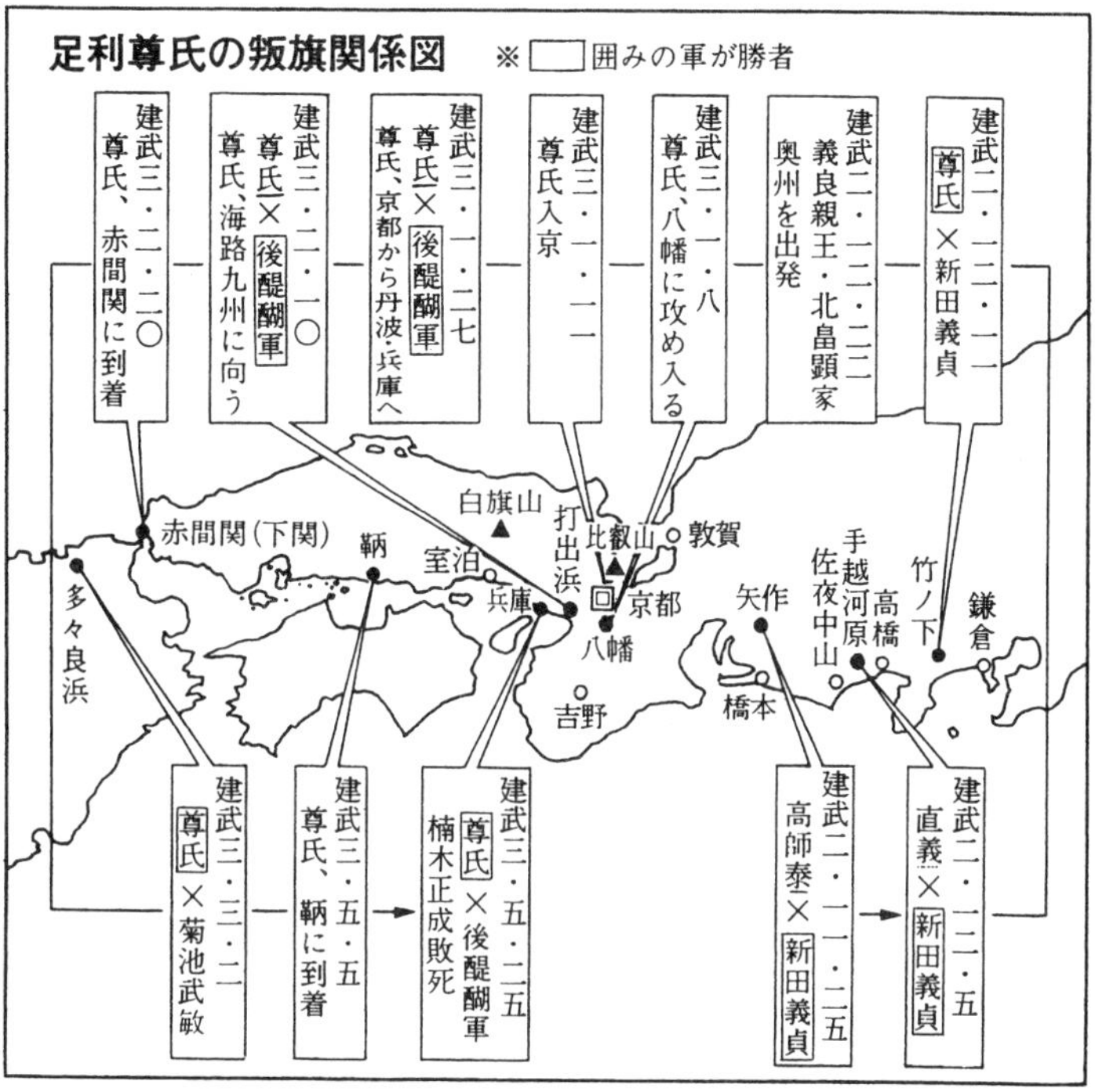

足利尊氏の叛旗関係図

独自に奉行所を開いて上洛する地方武士を傘下に収めたことの効果の現れであるといえよう。尊氏は直義と合流してのち、八月九日に橋本で、十二日に小夜中山《さよのなかやま》で、十四日には駿河国府で時行軍を破った。次いで、箱根、相模川の合戦で勝利を得たのち、十九日には、早くも鎌倉を奪回している。

　鎌倉を回復した尊氏は、若宮大路の旧幕府跡に居館を構えて征夷大将軍を自称し、八月二十七日には、鶴岡八幡宮に武蔵国佐々目郷《ささめごう》を寄進した。時行討伐の将士に対する恩賞は、京都において綸旨をもって行うとの後醍醐天皇の命令を無視して、尊氏は、九月二十七日、供奉の武将たちに恩賞を与えはじめた。「勲功之賞」として三浦《み》高継《うらたかつぐ》に相模国大介職をはじめ各地の所領を与え、「合戦討死之賞」として倉持左衛門入道の子孫に信濃国香坂村をあてがっている。こうして、尊氏と後醍醐天皇との不和は決定的となっていった。

後醍醐天皇は、尊氏側の動きをみて、もはや妥協の余地はないと、尊良《たかよし》親王を上将軍とし、新田義《よし》貞《さだ》を大将とする尊氏・直義討伐軍を編成して東下させ、陸奥の北畠顕家にも尊氏誅伐を命令した。六万七千余騎を率いて、義貞は十一月十九日に京都を出発した。後醍醐天皇の怒りに対して、尊氏は、直義に政務を譲って、鎌倉浄光明寺《じょうこうみょうじ》にこもって、ひたすら恭順の意を表した。直義は、新田軍と戦うために、二十万騎といわれる東国の武将を率いて鎌倉をあとにしたが、三河矢作では高師泰軍が、箱根では直義の本隊も新田軍のために大敗した。尊氏が、直義からの援軍派遣の要請に応じたのは、十二月十一日のことであった。鎌倉を出発した尊氏軍は、箱根竹ノ下の合戦で新田軍を破り、敗走する新田軍を追って、一三三六年（建武三・延元元）正月には入京した。一方、後醍醐天皇の尊氏誅伐の命令に応じて北畠顕家が行動を開始したのは前年の十二月二十二日のことであり、義良親王を奉じた顕家軍は、正月十二日には近江坂本に到着していた。そして十六日、楠木正成と連絡を取りつつ、京都回復の総攻撃に移った。正月から二月にかけて、京都では、

数千騎ノ軍兵、旗ヲ虚空《こくう》ニ翻シ、時ノ声天地ヲオドロカシ、互ニ射矢ハ雨ノゴトシ

といわれる壮烈な合戦が展開したが（『梅松論』）、ついに尊氏軍は京都を逐われて遠く九州へと逃走

した。しかしながら、いったんは九州へ逃れたものの、三月二日に多々良浜《たたらがはま》で菊池武敏《たけとし》を破るや、尊氏は急速に勢力を回復する。『薩藩旧記《さつぱんきゅうき》』は、多々良浜の勝利によって「九州の豪族、風を望みて尊氏に応ず」と記している。三月十二日には、禰寝《ねじめ》氏に対して、

大隅国津々浦々の船の事、御上洛の兵船として、大小を謂わず、守護人を相副えてことごとく点《てん》じ、夜を日に継いで員数を注申《ちゅうしん》せらるべし、つぎに水手梶取事、厳密にその用意をいたさるべし。

と、上洛に備えて兵船の数を注進させている。四月三日に博多を出発し、瀬戸内海を東上するにつれて、「国々ノ軍勢招カサルニ集マリ、攻メサルニ従ヒ著ク事、只吹ク風ノ草木ヲ靡《なび》カスニ異ナラス」（『太平記』）といわれるほど、中国、四国の軍勢をほとんど味方につけ、五月五日に備後鞆津《ともつ》に着いたころには、尊氏の水軍は七千余艘となっていた。五月二十五日、湊川《みなとがわ》の合戦に楠木軍を壊滅させた足利軍は、敗走する新田軍を追って京都に入り、後醍醐天皇は叡山に逃れた。

尊氏は、都落ちというきわめて困難な状況を逆転させ、勝利を呼び込んだが、このようなことはなぜ可能であったのだろうか。彼は、全国各地の武士たちが、いまやなにを期待し、どのような動きを展開しつつあるのかといった情報を、全国各地に張り巡らした情報網によって把握していたのである。彼は、全国に散在する足利家領から送られてくる情報を分析し、正しい施策を打ち出すことができたのである。九州地方の情報は、北条泰家の旧領であった豊前門司関において蒐集され、尊氏のもとへ送られたのであろう。敗走の途中、兵庫において元弘没収地返付令《げんこうぼっしゅうちへんぷれい》を発して味方武将の動揺を鎮め

た。播磨室津《むろつ》の軍議では、中国・四国地方の軍事力の再編成を行い、備後鞆津において光厳上皇の院宣を得ている。将来を展望したこれらの施策は、豊かな情報蒐集と正確な状況判断の結果であり、尊氏の政治力を雄弁に物語るものといえよう。

この年六月に入京した尊氏軍と後醍醐軍の激戦はすさまじいものであった。

国々ノ運送道絶テ、洛中ノ士卒兵糧ニ疲レタリ。暫ハ馬ヲ売リ、物具ヲ沽《う》リ、口中ノ食ヲ継ケルガ、後ニハ京白川ノ在家、寺々へ打入テ、衣裳ヲ剝取、食物ヲ奪ヒクウ。卿相雲客《けいしょううんかく》モ兵火ノ為ニ焼出サレテ、此ノ辻堂、彼ノ拝殿ニ身ヲ側《そば》メ、僧俗男女ハ道路ニ食ヲ乞テ、築地《ついじ》ノ陰、唐居敷《からいしき》ノ上ニ飢臥《ふ》ス、開闢《かいびゃく》以来兵革ノ起ル事多シトイエ共、是程ノ無道ハ、イマダ記サザル処ナリ。

といわれている（『太平記』巻十七）。

激戦の末に、叡山を孤立させることに成功した尊氏は、八月十五日、光明天皇の擁立を宣言した。十月、尊氏は、後醍醐天皇に還幸《かんこう》を申し入れ、十一月に入ると、天皇から光明天皇への神器の授受がおこなわれた。十一月七日、尊氏は、二階堂是円《にかいどうぜえん》らの民心を安定させることこそ、政治の根本であるとの主張を取り入れた「建武式目十七ヵ条」を制定する。室町幕府の創建に着手したのである。一三三八年（建武五・延元三）八月、尊氏は、待望久しかった征夷大将軍に任命される。宿敵新田義貞が越前藤島で敗死して一ヵ月後のことであった。

内訌の萌芽

室町幕府における尊氏と直義による将軍権限の分掌が、つねに政権内部に矛盾と対立、混乱を発生させる原因であった。武士に対する軍事指揮権と恩賞権とを掌握した尊氏は、武門の棟梁として、いわゆる主従制的支配権を握った。これに対して、民事裁判権と所領安堵権を持った直義は、いわゆる統治権的支配権を掌握した（佐藤進一「室町幕府開創期の官制体系」）。守護任免権を持っていた尊氏は、守護を管理統轄する機関であった侍所の長官に高師泰を、恩賞宛行の機関である恩賞方長官として、執事であった高師直を任命した。高氏は、いうまでもなく、足利家譜代の家臣である。高氏一族の幕府内における勢力は、こうして強められていったが、さらに、田代氏、淡輪《たんなわ》氏など、畿内近国の在地領主層を直轄軍団として組織することに成功したので、その発言力は一段と強化されていった。

高兄弟の政治姿勢は、

都ニ王ト云フ人ノマシマシテ、若干ノ所領ヲフサゲ、内裏《だいり》、院ノ御所ト云フ所ノ有テ、馬ヨリ下ル六借《むつかし》サヨ、若《もし》王ナクテ叶フマジキ道理アラバ、木ヲ以《もつ》テ造ルカ、金ヲ以テ鋳ルカシテ、生タル院、国王ヲバ、何方《いずかた》ヘモ皆流シ捨奉ラバヤ。

という発言にあきらかである（『太平記』巻二十六）。ここには、徹底した権威・秩序への否定の精神が表現されている。畿内の国人たちが、所領の増加を望んださいには、寺社本所の所領を実力で奪ってしまえと下知したことにあらわれているように、実力主義が、彼らの政治理念を支えていた。

これに対して、直義は、鎌倉時代の執権《しっけん》政治を理想とし、法秩序を重視していた。彼は、所領関係の訴訟を担当する引付方《ひきつけがた》を管轄していた。引付方は、五番編成をとり、各番の長官は有力武将であったが、合議官、審理官は、鎌倉以来の司法官僚の一族子弟が登用されていた。

康永《こうえい》年間（一三四二～四四）に入って、戦乱がしだいに鎮静化するにつれて、守護の人事や荘園政策、在地領主対策をめぐって、直義と師直の意見の対立が表面化し、幕府内部で諸政策の立案、遂行をめぐる矛盾が芽生えはじめた。この対立は、やがて、直義派、師直派とも呼ばれる党派を生み出すこととなる。概していえば、直義のもとには、引付方の構成員、鎌倉幕府以来の官僚層、さらには足利一門中の各家の惣領たちが結集した。師直のもとには、畿内近国の新興武士層や、足利一門中の庶子、戦功によって守護に任命された者などが集まっていた。近江の守護佐々木家の場合は、惣領氏頼が直義に属し、庶子の道誉《どうよ》が師直と結んでいる。幕府内における二派の形成は、十四世紀の内乱史を彩るさまざまな政治的諸事件を惹起《じやっき》するに至った。

師直の吉野攻撃

一三四三年（康永二・興国四）七月、北畠親房が結城親朝《ちかとも》に与えた書状には、

京都凶徒の作法もっての外のきこえ、直義師直和せず、相剋に及ぶと云々。滅亡程《ほど》あるべからずか。

とある。幕府内における両者の対立がしだいに顕在化しつつあったのである。吉野の朝廷は、このような状況を見逃さず、畿内各地の南軍に蜂起を命令した。一三四七年（貞和三・正平二）八月、楠木正行は紀伊の隅田《すだ》城を攻撃し、九月には河内の藤井寺に布陣した。九月十七日、河内の守護細川顕氏の軍勢は正行軍の夜襲を受けて敗退し、天王寺へと退いた。十月、幕府は山名時氏《ときうじ》を大将に任命して顕氏の救援に赴かせた。十一月二十六日の住吉合戦では、またもや幕府軍が敗退し、時氏父子は負傷し、弟兼義《かねよし》は戦死した。顕氏は戦わずして敗走した。洞院公賢《とうのいんきんかた》は日記に、

河内の凶徒襲来、天王寺ならびに堺浦にて合戦。陸奥守顕氏合戦に及ばずしてひきしりぞく。前伊豆守時氏、心力をつくしてあい戦う。ついに舎弟三人同所にて打死。時氏父子疵《きず》せられてひきしりぞく。武家の辺騒動云々。

と記している（『園太暦』十一月二十七日の条）。中原師守《なかはらもろもり》もまた、

十一月二十七日乙丑、天晴、今朝きく。昨日、天王寺ならびに住吉において合戦あり。南方より押来《おしきた》ると云々。軍勢ことごとく京都に引くと云々。今夕打死ならびに疵せらるる輩、数を知らずと云々。もっての外の事なり。

と日記『師守記《もろもりき》』に書いている。

室町幕府は事態を重視し、和泉・河内の守護細川顕氏を更迭し、高師泰を任命した。幕府は、侍所の長官であり、畿内の在地領主たちを掌握している師泰の軍事的手腕に期待したのである。軍事的緊張の高まりは、法治主義の直義派にかわって実力主義を標榜する師直派の登場を促進した。

十二月、幕府は、師直・師泰を大将とする大軍を進発させ、南軍を一挙に壊滅させようとした。これに対して、南朝方も畿内近国の南軍に総員出動を命令した。楠木正行は如意輪堂《にょいりんどう》の壁板を過去帳にみたて、

返ラジト兼《かね》テ思ヘバ梓弓《あずさゆみ》
　ナキ数ニイル名ヲゾトドムル

との和歌一首を書きしるし、河内へと出陣した。

十二月十四日、高師泰の軍は淀に、二十六日には師直が一万余騎を率いて男山に布陣した。翌年一月二日、師泰は淀から堺浦へ、師直は河内へと入った。四条畷における激戦が展開したのは一月五日のことである。楠木正行らは幕軍の大将師直を討とうとして奮戦したが衆寡敵せず、南朝軍は正行・大塚惟正《おおつかこれまさ》・開住《かいじゅう》良円《りようえん》・和田賢秀《にぎたけんしゅう》ら有力将士を失った。これに反して、師直は、白旗一揆、大旗一揆など国人領主の連合軍を巧みに使って圧倒的勝利を収めた。幕府軍は、この機を逸することなく駒頭を吉野へと向けた。高師泰は、一月十二日に河内の聖徳太子廟《びょう》へ討ち入り、在家を焼き払い、廟中の

宝物を奪い取った。塔の九輪で茶釜を鋳て飲む茶は芳甘《ほうかん》であると聞いた師泰の配下の者たちが、われ先にと九輪を下して茶釜にしてしまったので、和泉・河内地方の塔の九輪がまったく失われてしまったとの逸話が残っている。しかし、河内東条に布陣した正儀《まさのり》軍を抜くことはできなかった。

高師直軍の進撃状況はどのようであったろうか。一月十五日に大和平田荘に討ち入った師直軍は、ここで吉野進攻の作戦を立て、二十四日には先遣隊が吉野へ入った。翌日師直の本隊は吉野に到着し、皇居に放火し、蔵王堂以下の諸所を焼き払った。後村上天皇は、吉野を放棄して賀名生へと逃れた。洞院公賢は、

伝えきく、吉野悉《ことごと》く没落、まったく人なし。矢倉《やぐら》少々相残る。火を懸けるのところ余焔《よえん》蔵王堂に移り、悉く灰燼となると云々。冥慮《めいりよ》もっとも怖るべきか。

と記している（『園太暦』貞和四年二月三日の条）。

一三四九年（貞和五・正平四）春、吉野に詣でた新待賢門院《しんたいけんもんいん》は、蔵王堂坊舎など焼失の跡に立って、

御吉野《みよしの》はみしにもあらず荒にけり
　あだなる花は猶《なお》のこれども

と詠んでいる。師直軍の放火狼藉は徹底したものであった。

クーデター

一三四九年六月十一日、四条河原で橋勧進《はしかんじん》の田楽《でんがく》がおこなわれた。尊氏や天台座主《てんだいざす》尊胤法《そんいんほう》親王らも見物の桟敷につらなった。しかし、突然桟敷が倒れて多数の圧死者が出たのである。この前代未聞の惨事を見聞した人々は、これは天狗のしわざであり、不吉な事件の前兆であるとささやきあった。閏六月、直義が帰依している夢窓疎石《そせき》の法眷《ほうけん》一条堀川大休寺《いちじょうほりかわだいきゅうじ》に住む僧妙吉《みょうきつ》が、高師直・師泰の挙動を、国を乱し、政治を誤るものであると訴えた。直義の執事、上杉重能《しげよし》と畠山直宗の策謀である。これをうけて同月三十日、直義は持明院殿に参じ、師直派を退けて、政道を振粛《しんしゅく》すべきであると奏上した。七月に入ると、師直の朝廷出仕がとめられ、執事職も取り上げられた。このころから、日吉社の杉が転倒したり、延暦寺中宮の竹が枯れ、石清水八幡では鳴動が続くという異変が続出した。七月十九日の大地震、八月五日の台風では多くの民屋が被害を受けた。うち続く天変災異は、折からの政情不安とともに人々の恐怖心をあおるものであった。執事職を罷免された師直は、直義派の行動に対応するために、河内に布陣していた師泰の帰洛を要請した。師泰は完全武装の兵三〇〇〇騎と、持楯《もちたて》をかかえた歩卒《ほそつ》七〇〇〇人を従えて帰洛した。大軍事パレードを展開し、直義派を圧倒しようとしたのである。八月十三日、師直は直義を討つための兵を結集した。これに対して、直義も兵を招いたので、洛中は、師直方、あるいは直義方につこうとする武将たちで大混乱となった。十四日、師直は法成寺に本陣を構え、直義が逃げ込んだ尊氏の高倉邸を囲んだのである。師直方には高氏一族をはじめ、畿内近国の兵士約五万騎が結集した。直義方の吉良満義、石橋和義、細川顕氏、上杉重能、高師秋《もろあき》など千余騎に対して、師直方は圧倒的に優勢であった。師直は、上杉重能、畠山直宗、妙吉などの引き渡しを強請した。尊氏は、これを受け入れて、重能、直宗を配流すること、直義の政務を停止すること、成人した足利義詮《よしあきら》を関東から上洛させて、政務に就かせることを約した。十五日、重能、直宗は越前に流刑となり、妙吉の住坊は破壊された。両派を和解させたのは夢窓疎石である。疎石の仲介によって、直義は政務をみることとなり、師直は執事に返り咲いた。

しかし、直義の政務は師直の妨害にあって十分におこなわれず、九月にはいると師直は、直義派の直冬を九州へ追いやるため、備後の地頭・御家人に鞆津の直冬陣営を襲撃させた。疎石による調停はこうして破綻していったのである。

十月、鎌倉から義詮が上洛して三条坊門の直義邸に入った。足利基氏は、上杉憲顕、高師冬とともに鎌倉へと下向した。直義は錦小路堀川の細川顕氏邸に移り、政務のすべてから手を引き、十二月には出家して慧源《えげん》と号した。

一方九州へ逃れた直冬は少弐頼尚《しょうによりひさ》を味方に引き入れ、各地の武将に参集を呼びかけた。直冬は、詫《たく》磨宗直《まむねなお》を筑後の守護に、河尻幸俊《かわじりゆきとし》を肥前の守護に補任《ぶにん》するなど、所領確保を願う国人領主層の要求を受け入れつつ、彼らを被官化することに成功し、勢力基盤を拡大強化していった。このため九州地方は、幕府方（尊氏—師直派）、宮方（征西将軍宮）、直冬方に分かれて相互に抗争を続けることとなった。まさに「国々、三ツニ分レシカバ、世ノ中怱劇《そうげき》休ム時ナシ」（『太平記』）という状況となったのである。尊氏は、直冬の勢力を恐れ、これを討つために、貞和五年十一月十三日、兵衛佐《ひょうえのすけ》の事、いんぼうすでにろけんのうえハ、一そくならびにふん国のせいをもよおして、いそぎうちてまいらすべし。もし海上をへてのぼる事あらバ、さい所においかけてたいちすべし。という軍勢催促状を島津貞久に与えている（『比志島文書』）。しかし、直冬の勢力拡大をとどめることはできなかった。

直義派の挙兵

一三五〇年（観応元・正平五）十月十五日夜、大友氏の代官が京都を退出し、続いて少弐氏の在京代官が逐電し、桃井直常《もものいなおつね》も姿を消した。はたして、十六日、直冬が少弐・大友氏を配下に加えて挙兵したとの飛脚が九州から届いた。十月二十八日、尊氏は師直を率いて直冬を討つために京都を出発し、十一月二十八日には備前三石《みついし》へと兵を進めた。この間、京都の警備にあたっていたのは義詮である。直冬討伐軍の出発準備であわただしい京都から直義が大和へ逃れた。直義の出奔について、最初の間はただ身を隠すためであると噂されていたが、実は、北畠親房を介して南朝方と結び、頽勢を挽回しようとするものであった。直義は河内の畠山国清に迎えられて石川城に入り、師直、師泰追討の兵を募集した。十二月十三日、直義の南朝への降伏が正式に承認された。直義は、桃井直常、石塔頼房、山名時氏、斯波高経らを傘下に加えて陣営を強化した。直義は、先遣として石塔頼房を八幡に進め、次いで、本隊も京都への進撃を開始した。

義詮は尊氏のもとへ急を知らせ、佐々木道誉、仁木義長らと京都の防衛にあたった。しかし、一三五一年（観応二・正平六）正月、桃井直常が能登・加賀の兵を率いて近江坂本まで進み京都包囲の態勢を備えた。正月七日、直義は八幡の陣に入り、桃井軍と相応じて入京しようとした。十三日、桃井軍は叡山雲母《きらら》坂から洛北に侵入し、所々に放火した。十五日には、師直・師泰・仁木頼章《よりあき》の邸宅が焼き打ちされた。義詮は京都を放棄して西走し、尊氏軍と合流した。尊氏は義詮とともに京都に帰り、三条河原に布陣したが、ついに支えきれず、丹波に逃れ、さらに播磨書写山《しょしゃざん》に拠って西国の兵を募った。京都には桃井直常が入り、斯波高経、山名時氏、細川顕氏らの直義派の諸将は領国の兵を率いて畿内各地を転戦した。

関東においても、直義の呼びかけに応じて、一三五〇年十一月、上杉能憲《よしのり》が常陸信太《しだ》荘で、十二月には、基氏の執事上杉憲顕が鎌倉を出て領国上野で挙兵した。十二月二十五日、高師冬は憲顕を討つため、基氏を擁して上野へと向かった。しかし、その途上驚愕すべき事件が勃発した。一行が相模国愛甲郡毛利荘の湯山に差しかかったとき、突如として近臣たちが基氏の身柄を奪って憲顕方に投じたのである。基氏の身辺警固にあたっていた三戸《さんのへ》師親《もろちか》、彦部《ひこべ》次郎《じろう》、屋代《やしろ》蔵人《くろうど》らが斬り殺された。こうして形勢は一挙に逆転した。師冬が反逆者として追捕されることとなったのである。かれは甲斐の須沢城に拠った。しかし、翌年一月十七日、上杉憲将《のりまさ》ら直義派の攻撃を受けて自刃した。この経緯は、甲斐一蓮寺の時衆僧によって兵庫にいる高師直のもとまで伝えられた。

一三五一年二月六日、直義は園城寺《おんじようじ》衆徒に、

東国の軍勢等馳上候。勢多《せた》において乗船なきにより逗留すると云々。急速入洛せしめ候様沙汰致さるべきの状、くだんのごとし。

との命令を発している。関東の兵を率いた上杉能憲らが船便がなくて上洛できずにいるのを救援するため勢多に船を出すことを命じたのである。この命令は、ただちに実行に移されたらしく、二月八日には上杉能憲らの関東兵が入京した。能憲の上洛によって直義派の勢力は急速に増強された。直義は斯波高経を近江に、山名時氏を丹波に、石塔頼房を播磨に派遣して、尊氏軍と対峙させた。

二月十七日、摂津打出《うちで》浜において、尊氏軍と直義軍との間で激戦が展開した。高師直は股に矢をうけ、師泰も内冑《うちかぶと》を射抜かれるという乱戦となり、尊氏方は敗北した。高師直らは兵庫から船で鎌倉へと逃れようとした。しかし、このとき、甲斐から一人の時衆僧が到着して師冬自刃の一件など関東の状況を物語った。この知らせと負傷とが勇敢であった師直・師泰から戦意を完全に奪ってしまった。

薬師寺公義《やくしじきんよし》の抗戦すべきであるとの諫言《かんげん》にも耳をかさず、降伏を決意したのである。二月二十二日、尊氏は侍《さむらい》童《わらわ》命鶴丸《みようつるまる》（饗庭氏直《あえばうじなお》）を八幡の直義本陣に遣わし、師直・師泰らの出家を条件に和談を申し入れた。和談成立ののち、師直ら一族家人百人ともども出家し、尊氏とともに帰洛することとなった。このとき、師直は禅僧衣を師泰は念仏者の裳無衣《もなしごろも》を着ていた。師直らは身の危険を感じ、尊氏の近くに供奉したいと申し入れたが、尊氏はこれを許さず、三里の後方に高一族、郎党らが従容として従ったのである。はたして、行列が武庫《むこ》川を渡り、鷲林寺《しゆうりんじ》の前に差しかかったとき、待ち構えていた上杉・畠山の軍勢の五百余騎が師直一行を襲ったのである。『太平記』（巻二十九）はこのときのありさまを、

> 執事兄弟武庫川ヲ打渡テ小堤ノ上ヲ過ケル時、三浦八郎左衛門ガ中間二人走寄テ「此ナル遁世者ノ顔ヲ蔵《かく》スハ何物ゾ、其笠ヌゲ」トテ、執事ノ著ラレタル蓮華笠《はすのはかさ》ヲ引切テ捨ルニ、ホウカブリハヅレテ片顔ノ少シ見ヘタルヲ、三浦八郎左衛門「哀敵《あわれてき》ヤ、所願《しよがん》ノ幸哉」ト悦テ、長刀ノ柄ヲ取延《のばし》テ、筒中《どうなが》ヲ切テ落サント、右ノ肩先ヨリ左ノ小脇マデ、鋒サガリニ切付ラレテ、アット云処ヲ、重テ二打ウツ、打レテ馬ヨリドウト落ケレバ、三浦馬ヨリ飛デ下リ、頸ヲ掻落《かきおと》シテ、長刀ノ鋒ニ貫テ差上タリ。

とのべている。こうして、師直をはじめ、高一族、郎従数十人、さらに二人の時衆僧が誅戮《ちゆうりく》された。上杉・畠山の軍勢は、越前の配所で殺された上杉重能、畠山直宗の仇を討ったのである。

尊氏派の勝利

打出浜の合戦ののち、直義は義詮の政務を後見することとなった。五月、南朝軍の攻撃が活発化した。その結果、京都はしばしば攻撃を受けたが、その対応をめぐって幕府中枢は再び分裂した。七月、直義はみずから政務後見の返上を申し入れたが、状況は好転しなかった。事態は悪化の一途をたどったのである。このころ、細川頼春、赤松貞範《さだのり》、佐々木道誉らが、京都をあとにして領国へ帰った。七月二十八日、近江へ去った道誉を討つと称して尊氏が京都を出発し、義詮もまた、南朝に帰順した赤松則祐《のりすけ》を攻撃すると称して播磨へと向かった。この一連の行動が、尊氏と道誉、義詮と則祐との間で事前に示し合わされたものであり、京都をいったん直義派に渡したのち、近江・播磨の両国から京都を挟撃しようとした謀略であることは明白である。七月晦日《みそか》、身の危険を感じた直義は、桃井直常、山名時氏ら数千騎を率いて北国へと逃れた。若狭の守護山名時氏、越中の守護桃井直常、越後の守護上杉憲顕らはともに直義派であった。自派で固めた北国へいったん落ち着き、そののち、上野・信濃を経て鎌倉へ向かうというのが直義派の構想であった。九月、近江の合戦で敗れた直義は、上杉憲顕を頼って関東に向かい、十一月には鎌倉へ入った。一方尊氏は、直義追討の綸旨を得るために南朝と和睦し、十月下旬以降東国各地の武将たちに参陣を呼びかけた。

十一月四日、尊氏は京都を義詮に託し、仁木頼章、畠山国清、高南宗継《こうなんむねつぐ》らを率いて東国へと出発した。途中、直義派との交戦を繰り返し、さらに東国武将への参陣を求めて兵力を増加しつつ、東海道を鎌倉へと向かった。十一月二十六日には、

吉野御わたん《和談》のりんし《綸旨》に、直義ちうハち《誅伐》のよしをのせらるるあひた、東国へハんかう《発向》する所なり、すてに今日廿六日、かけか《掛川》ハへつき候へく候。ミやう日するか《駿河》の国へうちこゆへく候。いそきうちたちて、かまくら《鎌倉》をつめられて候へく候。そのハうの事ハ、たのミ入て候。

という軍勢催促状を結城朝常《ゆうきともつね》に発している。直義もまた、

凶徒退治の事、伊勢、近江国において、軍忠を致し、関東に供奉せしむの条、最ももって神妙。海道に発向し、戦功を致さば、忠賞あるべく候。いよ〳〵忠節を抽んずべきの状くだんのごとし。

などという催促状を各地の武将に発して出兵を要請した。十二月十一日から十三日にかけて、由比、蒲原で両軍の合戦が繰り返され、ついに、尊氏軍は、薩埵山《さったさん》の激戦で直義軍を破った。尊氏は、一三五二年（観応二・正平七）正月鎌倉に入り、二月に直義を毒殺して擾乱に終止符を打ったのである。

観応擾乱は、幕府の有力武将をまっ二つに分裂させて展開しただけに、その余波も大きかった。乱ののち、直義派の守護が一掃された。二月、尊氏は、直義派の被官たちの所領を没収し、これを、忠功を励んだ味方の武将たちに与えた。観応擾乱ののち、武蔵では仁木頼章が、相模では川越直重《かわごえなおしげ》が、伊豆では畠山国清が、上野では宇都宮氏綱《うじつな》が守護となった。ともに、尊氏派の有力武将であった。そし

て、鎌倉公方足利基氏、執事畠山国清、高南宗継という強力で新たな鎌倉府体制が成立したのである。

三の章　悪党兵衛尉正成

はじめに

楠木正成の出自については不明なところが多い。正成に関する正確な史料の初見は、一三三二年(正慶元)六月の『臨川寺領目録』(天竜寺文書)にみえるつぎのような記録である。

若松庄　内大臣僧正道祐依競望申、去元徳三年二月十四日不慮被下　綸旨之由、承及之間、已佛陀施入地、非分御綺之段、歎申之処、同二十五日被成　綸旨於寺家了、而悪党楠兵衛尉押妨当所之由、依風聞之説、称彼跡、当国守護御代官、自去年九月之比、令収納年貢以下之条、不便之次第也、守護御代官于今当知行、当所領家故親王家、年貢三百石計、領家一円地也、本家仁和寺勝功徳院。

これによれば、後醍醐天皇の皇子で、一三三〇年(元徳二)九月に夭逝した世良親王の遺跡として臨川寺へ施入された和泉国若松荘へ悪党楠兵衛尉が乱入して押妨した、というのである。正成が若松荘を押領していたのは、右の記録によれば一三三一年（元徳三）二月二十五日以降、同年九月の間である。このころ正成は、後醍醐天皇の第二次討幕運動に呼応して「国中ノ民屋ヲ追捕シテ、兵粮米ヲ運ビ取ル」（『太平記』）という挙兵準備を進めており、その行動の一環として、若松荘に乱入し、兵粮米を徴発しようとしたものであろう。

楠木正成が悪党として歴史の舞台に登場したころ、すなわち、内乱前夜の政治・社会状況は、いかなるものであったろうか。

朝幕の関係

朝廷と幕府の間は、文保の和談によって、後醍醐天皇が即位したころから、しだいに険悪な状況をむかえつつあった。大覚寺統にしろ、持明院統にしろ、鎌倉幕府が存続するかぎり皇位を自統のものとして永続的に継承する可能性はきわめて薄いという認識が醸成され、強まりはじめたからである。

一三二一年（元亨元）、後宇多法皇から政権をゆずりうけた後醍醐天皇は、天皇親政を復活し「朕ガ新儀ハ未来ノ先例」（『梅松論』）という自負をもって政道の刷新をめざした。天皇は宋学を学んで、その名分論によりつつ、親政の実をあげようとした。そのため、宋学への関心と造詣の深い者たちを登用しはじめた。

そもそも、近日禁裏すこぶる道徳儒教の事その沙汰ありと云々。もっともしかるべき事なり。しかして冬方朝臣、藤原俊基等この義殊に張行する者なり

と、持明院統の花園上皇は、天皇近辺で儒学（宋学）がもてはやされたことを記録している（『花園天皇宸記』元応元年九月六日条裏書）。大覚寺統の宮廷でわきおこった儒教張行の気運を背景に、吉田経長の子冬方や日野種範の子俊基らが活躍を開始する。天皇は、一三二〇年（元応二）三月に、儒家出身の日野資朝を蔵人頭に任命し、一三二三年（元亨三）三月には検非違使庁別当に任命した。同年六月には、大内記俊基を才学優長との理由で五位蔵人に抜擢。「近日朝臣、多く儒教をもって立身す」（『花園天皇宸記』元亨三年七月十九日条）という状況であった。

天皇は、一三二二年（元亨二）に「神人公事停止令」を発して、神人の本所に対する諸公事を免除し、「洛中酒鑪役賦課令」によって洛中の酒屋を天皇経済の基盤にくみこもうとした。京都の商工業者を天皇の供御人として編成しようとしたものである。天皇は、後醍醐と自称していたように「延喜・天暦の治世」の再現をめざしていた。すなわち、醍醐、村上両天皇の治世を理想の時代であると追慕し、律令国家最盛時に匹敵しうる政治を実現しようと日夜努力を続けていたのである。花園上皇が日記に「近日政道淳素に帰す。君すでに聖主たり、臣又人多きか」と記したのもこのころである（元亨二年十二月二十五日の条）。

しかし、理想を実現するためには、皇位継承問題への介入をはじめ、さまざまな問題を招来する幕

府の存在を否定することが必要であった。天皇を中心とする大覚寺統の人びとは「無礼講」（『太平記』）、「破仏講」（『花園天皇宸記』）に仮託して討幕の計画をねりはじめた（森茂暁『皇子たちの南北朝』中央公論社　一九八八年）。『太平記』によれば、無礼講と称する遊宴の会に参加する者たちは衣冠をつけず、ほとんど裸形にちかい姿で、美妓をはべらせ酒をくみかわしたという。花山院師賢、四条隆資、洞院実世、日野俊基、僧遊雅、玄基、足助重成、多治見国長らの名前があがっている。無礼講に破仏講との注記を付した『花園天皇宸記』（元亨四年十一月一日の条）には、源為守、智暁、資朝、俊基の名が参加者としてみえ、さらに「此衆数輩あり」と記されている。

無礼講を催して討幕作戦を協議する一方、天皇は日野俊基らを山伏姿に変装させ、「国ノ風俗、人ノ分限」（『太平記』）を調査させるために地方に派遣した。討幕戦の兵員や兵粮米を確保し、兵士を編成するためであった。俊基らは、各地の地侍、野伏、悪党らと接触し、反幕行動を激化するようにと煽動してまわったのであろう。河内の土豪であり、分業・流通と深くかかわっていた正成の屋敷にも山伏姿の密使が訪れていた。

諸国の悪党

十三世紀末から十四世紀の二十年代にかけて、鎌倉幕府（とくに北条氏による専制支配）の存在を根底から動揺させるような事態が各地で進行しつつあった。諸国悪党の蜂起である。

鎌倉幕府は、すでに十三世紀の中葉以降、諸国悪党の蜂起に対する警戒を呼びかけていた。全国各地の荘園で代官を追放し、年貢米を押領するなどの反体制的行動を展開する人々（悪党）の活躍が目立ちはじめたからである。しかし、初期の悪党は、二、三十人の集団で、正規の武具を持たず、覆面をして、こそこそと忍び歩いていた。かれらは「異類異形」（『峯相記』）の者たちと称されてはいたが、まだ弱小の集団であった。しかしながら、一二九四年（永仁二）十月、東大寺領播磨国大部荘へ乱入した悪党は、荘官職を罷免されたばかりの垂水繁昌を張本とする数百人に及ぶ集団であったという。甲冑を着し、弓箭を帯したかれらは、年貢米を横領したのみならず、農民の住宅にも討ち入り、銭貨資財のことごとくを奪い去った。悪党が数千の駄夫を相従えて荘内に入ったことは、かれらと交通運輸に従事する者との強い結びつきを示唆する。この悪党集団のなかに、楠木正成の父か、かれらの一族であろうと推定される楠河内入道が加わっていたことは興味深い事実である（永仁三年一月、播磨国大部庄百姓等重申状　東大寺文書）。

十四世紀に入るころから、悪党は急速に成長し、荘園のみならず、商人集団と連携しつつ、港湾や市場を攻撃の対象としはじめた。それは、北条得宗権力が、全国的に展開しつつあった主要港湾、都市、市場を直接支配下に置こうとする方策と真正面からぶつかるものであった。それ故に、得宗権力にとって、悪党行動を放置することは、政権存立の経済基盤を喪失することを意味した。悪党鎮圧が政権の存亡をかけた焦眉の課題となった。

一三一九年（文保三）、得宗権力は御内人の飯尾為頼、渋谷三郎、糟屋次郎らを悪党討伐使に任命し、中国・四国地方に派遣した（『峯相記』）。当時、この地方の悪党行動が猖獗《しょうけつ》をきわめていたからである。討伐使は、各国の守護代、地頭御家人らと協力して悪党の拠点を発見し、城郭などを破却していった。このため、一時は悪党行動が鎮静化したかにみえたが、討伐使が引きあげると、悪党張本らは逃亡先から本拠地に帰り、従来どおりに荘園年貢の横領をつづけていたのである。この事実は、悪党らが逃亡先を確保できるほど近隣の在地領主層と緊密な関係をもっていたこと、さらには、在地住民からもさまざまな支援をうけていたことを物語っている。

一三二四年（元亨四）二月、幕府は悪党追捕のために、本所一円地への守護の介入を公認する新法を制定し、追捕の徹底を期した。これまで、本所一円地（不入権をもつ荘園）への守護権力の入部は禁止されており、守護の軍勢がせっかく悪党を追跡しても、悪党らが本所一円地の奥深くへ逃げ込んでしまえば、それ以上の追捕は不可能であった。このことが悪党鎮圧を不徹底なものとしていたことは揚言するまでもない。この新法は、守護勢力による荘園侵略を合法化する危険性をふくんでいた。しかし、荘園領主側が諸刃の剣である新法を承認したことは、激化する悪党蜂起に、荘園領主権力が対応できなくなっていたこと、悪党排除にあたっては幕府の軍事力（守護―守護代―地頭御家人）に頼らざるを得なくなっていることを示している。

悪党追捕に関する元亨四年二月令にもかかわらず、全国各地の悪党蜂起は、やむことなく続いた。東大寺領伊賀国黒田荘の悪党のように、禁裏供御人であると自称して朝廷に近接した者もあった（嘉暦四年二月十三日　東大寺満寺一揆評定記録　狩野亨吉氏蒐集文書一八）。黒田悪党は、伊賀の守護代や有力御家人から組織された討伐使が荘境に現れるや、多額の賄賂を贈り、種々の饗応を与えて、討伐使を引き退かせている（元徳二年六月日　東大寺衆徒僉議事書土代『東大寺文書』）。そしてついには「惣庄土民等、かの悪党に同心せしむ」という事態になったのである（嘉暦二年六月　東大寺衆徒等重申状案『東大寺文書』）。このころ、在地の反幕的武力を積極的に掌握しようとしていた後醍醐天皇がこのような状況を見のがすはずはなく、黒田悪党をきたるべき討幕の軍事力として組織していったことはいうまでもない。

一三二〇年代の諸国悪党は、幕府や六波羅から派遣された討伐軍と激戦をまじえ、討伐にむかった守護軍を畏怖させるほどになっていた。かれらは、引馬・唐櫃・弓箭などを用意し、五十騎・百騎と堂々たる隊列を組んで行動し、荘内の要害地に城郭を構え、走木を使い、飛礫を投げて鎮圧軍を混乱におとしいれたという。ある時には、結合範囲が数ヵ国にわたったこともある。機動力に富み、集団戦術を得意とするかれらは、張本の血縁を中軸としながらも、分業・流通などを媒介とする地縁的関係によって結合をいちだんと強化した組織体へと成長していったのである。城郭を構えて立て籠もり、高所から走木を落として敵軍をなやまし、つぶてを飛ばして鎮圧軍に損害を与えたという悪党の戦術が、千早城攻防戦において楠木正成が鎌倉幕府軍に対してとったそれと酷似していることは揚言するまでもないところである。

同じ頃、北条得宗家の重要な権力基盤であった奥羽地方においても、安東氏一族の所領争いに端を発した、いわゆる蝦夷の反乱が展開していた。季長・宗季兄弟の所領争いに関する訴訟が幕府にもちこまれたさい、北条高時の内管領長崎高資が双方から賄賂をとり、それぞれに都合のよい判決を下したため、収拾がつかなくなったのが原因であるといわれている。一三二二年（元亨二）の春、陸奥において安東氏が反乱をおこすや、幕府は鎮圧軍をただちに派遣したが解決できず、一三二六年（嘉暦元）から翌年にかけても、工藤祐貞や宇都宮高貞、小田高知らが蝦夷追討使として派遣された。しかし、幕府からの派遣軍に対して奥羽各地の悪党が安東氏に味方して抵抗したため、反乱を鎮圧することは不可能であった（入間田宣夫「鎌倉幕府と奥羽両国」、遠藤巌「南北朝内乱の中で」ともに『中世奥羽の世界』東京大学出版会　一九七八年）。

幻の蜂起

畿内近国の悪党蜂起、蝦夷の反乱が鎌倉幕府権力の矛盾と混乱とを白日のもとにさらけ出すにつれて、後醍醐天皇を中心とする討幕運動が具体化する。天皇の側近たちの無礼講については先述したが、参加者の一人智暁は、西大寺の門徒で律僧であった。西大寺系の律僧といえば、天皇から厚い信任をうけていた文観もその一人であるが、かれは、師檀関係にあった六波羅評定衆引付頭人伊賀兼光をだきこみ、一三二四年（元亨四）三月には、天皇の討幕計画の御願成就の祈りをこめて、奈良般若寺の本尊（八髻文殊菩薩騎獅像）を造立したといわれている（網野善彦『異形の王権』平凡社　一九八六年）。

蜂起は一三二四年九月二十三日、北野祭の当日と定められた。祭りの雑踏で六波羅勢が手薄になる、そのすきを衝くよう計画されたのである。ところが用意周到であったはずのこの計画も、討幕の謀議に参加した者のリストが六波羅探題に投げこまれたことにより水泡に帰した。密告者は、無礼講で酒をくみかわし一味同心した遊（祐）雅法師であったといわれている（『花園天皇宸記』元亨四年十一月一日条）。さらに、事の成就せざることを恐れた土岐左近蔵人が舅にあたる六波羅奉行人斎藤利幸に計画の一部始終を告げたことにより、六波羅探題は「当今御謀叛」（元亨四年九月二十六日　結城宗広書状越前藤島神社文書）を確信し、謀議参加者の弾圧にのりだしたのである。この時、六波羅探題は、在京の武士三千騎を動員したといわれるが、注目したいのはその召集方法である。六波羅は摂関家領河内国楠葉において地下人らが代官にそむいて蜂起した（いわゆる悪党蜂起）ので、これを弾圧し、代官を現地に送りこむために参集せよと命じた。この時、在京武士たちは、ただちに探題のもとに参集した。『太平記』によれば、これは謀叛人を京中から逃亡させないための計略であったという。悪党蜂起を口実にすれば、謀叛人たちに、実は、かれらを逮捕するための召兵であると気づかせることなく、三千騎にものぼる在京武士たちを結集できるというのは、どのようなことを意味するのであろうか。畿内近国において、悪党蜂起が頻発していたこと、これの弾圧のために六波羅は、つねに軍勢を催促していたこと、さらには、京都の人々がこのような事態を日常茶飯の事としてうけいれ、危機的状況に麻痺してしまっていたことを物語るものではないだろうか。悪党問題はこれほどまでに社会の奥深くまで浸透していたのである。

さらにまた、後醍醐天皇側が六波羅評定衆引付頭人の伊賀兼光を味方に引き入れて幕府の動静をさぐれば、幕府、六波羅方も天皇側近のなかに、あるいは無礼講参加者のなかに密偵を潜入させるという謀略をもって対応していたことを想起したい。すさまじいまでの諜報戦がここには展開していたのであり、時代はまさに内乱前夜に突入していたのである。

元弘の変

後醍醐天皇の討幕計画は、正中の変の失敗にもめげず、そののちも、一段とねばり強く進められた。一三二六年（嘉暦元）から二九年（元徳元）まで中宮禧子の安産修法に仮託して、関東調伏の祈禱が延暦寺・園城寺・仁和寺などの寺々において、さらに禁裏の奥深くにおいてもおこなわれた。天皇自身も文観から伝法灌頂をうけ、幕府調伏のためにみずから護摩を焚いたのである（百瀬今朝雄「元徳元年の『中宮御懐妊』」『金沢文庫研究』二七四　一九八五)。この間、一三二七年(嘉暦二)十二月、皇子尊雲(還俗して護良)を天台座主として比叡山に送りこみ、一三三〇年(元徳二)三月には南都北嶺に行幸し、都にもっとも近い武力集団(僧兵)を味方に誘引しようとした。かれらと密接な連絡を保つことは、討幕運動を遂行するために、きわめて重要な意味を持っていたのである。この年五月、天皇は記録所に命じて京都の米価の高騰を抑制させた。米穀の相場を宣旨枡一斗につき銭百文と公定したのである。六月には、商人が米を売り惜しむのに対し、洛中二条町に五十余間の仮屋を建てて米を売らせている(『東寺執行日記』元徳二年六月十一日の条)。飢饉対策として交易の円滑化をはかったものといわれているが、記録所を通じて京都の商工業・流通を統制し、これを天皇のもとに直接支配しようとした政策であることは明白である。全国の分業・流通の中枢を占める京都を討幕戦遂行の兵站基地にしようとしたのである。

二度目の討幕計画は、前回にくらべてきわめて大規模なものであり、計画は成功するかと思われた。しかし、一三三一年(元弘元)四月二十九日、吉田定房の密告によって、またしても失敗に帰したのである。鎌倉幕府は、ただちに長崎高貞らを上洛させ、日野俊基や円観、文観らを逮捕させた。同年八月、辛うじて京都を脱出した天皇は笠置に布陣し、近隣の土豪、野伏らに参陣を呼びかけた。文観を仲介として天皇の討幕計画を知っていた楠木正成は笠置に参向し、のち、赤坂城において挙兵した。

赤坂城には護良親王らも立て籠もったが、笠置の本陣を破った鎌倉の大軍のまえには抗し難く、数日間にわたる激戦のすえ、十月二十一日には陥落した。この時、正成、護良親王らは葛城の山中に逃れ去ったといわれている。正成らが再挙し、畿内各地でゲリラ戦を開始したのは、一三三二年（正慶元＝元弘二）十一月のことである。十二月にはいると、正成は紀伊国伊都郡隅田荘を攻撃し（『隅田家文書』）、ついで、赤坂城を急襲して、ここを占拠していた湯浅定仏ら紀伊の有力御家人を捕縛している。この間、正成と護良親王は畿内各地の寺社や土豪らに対して、あるいは祈禱を要請し、あるいは参陣を呼びかけている。この年十二月、正成は、

御巻数給わり候ひ了、早く進覧せしむべく候、恐々謹言。

十二月九日　　左衛門尉正成（花押）

謹上　金剛寺衆徒御返事

という自筆書状を、金剛寺衆徒にあてて送っている。この書状は、北条氏討伐の祈禱を金剛寺でおこなわせ、その巻数を護良親王に進覧したことを物語っているが、さらに兵衛尉であった正成が、左衛門尉を称した初見史料でもある。正成を左衛門尉に任じたのは護良親王であり、親王と正成との連帯はきわめて強かったのではないかとの推論もある（上横手雅敬「豊田武博士の人物研究にふれて」『豊田武著作集第七巻付録』吉川弘文館　一九八三年）。

『梅松論』に、

元弘二年冬、楠木兵衛尉正成ト云勇士、叡慮ヲウケテ、河内国金剛山ト云無双ノ要害ヲ城郭ニ構

　　テ、錦ノ御旗ヲアゲシカバ

とある。正成は、千早川の渓谷を利用し、四方を深い谷に囲まれ、わずかに城の背後のみが一条の山路によって金剛山の頂に達する、という要害の地に千早城を築いたのである。

　護良親王や正成らの軍事行動に対し、鎌倉幕府は、十二月にはいるや諸国の御家人に軍勢催促状を発し、朝廷も天下の静謐を祈るために十二社奉幣使を派遣し、「楠木の事」によって山陵使を派遣している（『師守記』）。

　一三三三年（正慶二＝元弘三）正月、正成は和泉の守護、河内の守護代を駆逐し、大鳥荘の地頭田代了賢らを一掃して、南河内から和泉にかけての地域を支配下においた。正月十九日から二十二日にいたる天王寺合戦においては、隅田・高橋両将のひきいる六波羅軍を翻弄した。これに対して、六波羅は急ぎ幕府軍の最強部隊である宇都宮公綱軍を派遣。紀清両党をひきいる公綱軍と、畿内の野伏を動員した正成との戦闘は、きわめて興味深いものである。宇都宮軍が戦場に到着するや、正成はわざと自陣の砦を明け渡し、夜になるや天王寺の周辺に配置した野伏に篝火を焚かせ、わめき喚かせた。このような状況が数日間も続いたため、宇都宮軍は緊張のあまり疲労困憊となり、ついに兵を引いたという（『楠木合戦注文』・『太平記』）。この時、正成が集めた野伏は四、五千人に及んだ。このことは、和泉・河内・摂津の土豪の多くが正成のもとに掌握されていたことを物語っている。

時代の転換

『高野春秋』の一三二二年（元亨二）八月の条に、北条高時の命令によって、正成が紀伊国有田郡の保田荘司を討伐したと記されている。もし、これが事実だとすると、正成は幕府の御家人、それも得宗被官人ということになる。幕府御家人から悪党への転身の過程で後醍醐天皇に接近し、天皇もまた、悪党・野伏らを軍事力の中核として組織し、畿内近国に内乱状況を生起させようとしたのである。では、正成が北条得宗家に反発し、その支配から脱却したのは何故であったろうか。

楠木氏は、河内国新開荘、宇礼志荘、玉櫛荘など交通の要衝地を支配下におき、和田氏、橋本氏、神宮寺氏などの支族を河内・和泉の各地に扶植して勢力を拡大していった。それら諸荘園のなかでも、河内平野のほぼ中央に位置し、東端が葛城山系に接する玉櫛荘は楠木一族にとって重要な荘園であった。玉櫛荘が、河内から大和にいたる奈良街道をおさえる交通の要衝に位置していたからである。楠木氏は、この荘園を基盤に、河内・和泉・摂津、さらには、紀伊・伊賀などの諸地域における分業・流通ルートを掌握し、商業活動を展開することによって富を蓄積しようとしていたのである。しかしながら、楠木氏の商業的武士団としての行動は、畿内の流通・分業の全体系を支配下におこうとしていた北条得宗家の方針と真っ向から決定的に対立するものであった。北条得宗家による経済的圧迫と締めつけに抵抗して、畿内近国の土豪・地侍・甲乙人・有力名主らが悪党化し、海賊化していった。楠木氏の場合も同様であったのではなかろうか。楠木氏は、観心寺や金剛寺とも深い関係にあったから、この両寺と文観との結びつきを媒介として、正成もまた後醍醐天皇の討幕計画へとのめりこみ、組織化されたのであろう。

正成が、河内の一土豪でありながら、内乱の過程でおどろくほど的確な行動を展開することができたのは、広範な地域の土豪層と婚姻関係や分業・流通のルートを媒介として結びつき、かれらと正確な情報を交換し、これを蓄積することができたからである。情報の蒐集と正確な分析こそが内乱期をのりきる武士団の長としての絶対的な条件であった。楠木一族が、きわめて正確な情報を迅速に掌握し、行動の指針としていったことの意味を変革期における情報、または情報蒐集という視点から再検討する必要があるのではなかろうか。

一三三二年（元弘二＝正慶元）暮れから翌年にかけて、鎌倉幕府は阿蘇時治を大将とする二十万と称される大軍を畿内に送りこみ、あいつぐ六波羅軍の敗北を一挙に挽回しようとした。幕府の大軍は赤坂城を瞬時におとしたあと、千早城へと迫った。

千早城は、嶮峻とはいえ、周り一里に満たない山城であり、幕府軍は、一気に踏み潰そうと、ここに殺到した。しかし、楠木軍の防備は万全であった。

寄手是ヲ見アナドツテ、初一両日ノ程ハ向ヒ陣ヲモ取ズ、責支度ヲモ用意セズ、我先ニト城ノ木戸口ノ近マデ、カヅキツレテゾ上タリケル。城中ノ者共少シモサハガズ、静マリカヘツテ、高櫓ノ上ヨリ、大石ヲ投カケ、投カケ、楯ノ板ヲ微塵ニ打砕テ漂フ処ヲ、差ツメ〳〵射ケル間、四方ノ坂ヨリコロビ落、落重ナツテ、手ヲ負ヒ死ヲイタス者、一日カ中ニ、五、六千人ニ及ベリ。長崎四郎左衛門尉、軍奉行ニテ有ケレバ、手負死人ノ実検ヲシケルニ執筆十二人夜昼三日ヵ間、筆ヲモ置ズ注セリ。

と、『太平記』（巻七）は千早城をめぐる激闘のありさまを描写している。緒戦に思わぬ大敗をきっした幕府軍は、つぎに、蟻のはい出るすきまもなく城を包囲し、持久戦によってこれを陥落させようとした。閏二月下旬から四月にかけて局地戦が続いたが、そのつど幕府軍は走木、飛礫、弓矢などによって攻撃され、多数の死傷者を出して撃退された。

幕府の大軍に包囲された千早城を救援したのは、護良親王の令旨をうけた吉野・十津川・宇多地方の野伏であった。かれらは、「案内者ノ野伏」と称され、地理を熟知した地侍であり、土豪の集団であった。

此ノ峯、カシコノ谷ニ立隠テ、千劒破ノ寄手共ノ往来ノ路ヲ差塞グ。コレニヨツテ、諸国ノ兵ノ兵糧忽ニツキテ、人馬共ニ疲レケレバ、転漕ニ怺兼テ、百騎・二百騎引テ帰ル処ヲ、案内者ノ野伏共、所々ノツマリヅマリニ待受テ、討留ケル間、日々夜々ニ討ルル者、数ヲ知ズ。

といわれるように、かれらは、幕府軍の補給路を断ち切り、いたるところで野伏合戦を展開して戦線を攪乱したのである（『太平記』・『和田文書』）。

千早城の攻防戦を描く『楠木合戦注文』によれば、包囲軍を困惑させる、つぎのような事態も発生していた。

　伊予国、播磨国の悪党蜂起す。言語道断に候。近日、国の守護人に仰付けられ、追罰を加うべきの由、六波羅殿仰せ出されるにより、国の群《（軍）》勢、守護、此合戦をやめ、彼所に馳向う。

すなわち、伊予や播磨で悪党が蜂起し（おそらくは、河野・忽那の水軍や赤松則村の悪党勢力であったろう）、その鎮圧のために当該国の守護が千早城の包囲を中止し、軍勢をひきいて馳せ向かうという、まさに、内乱状況が出現していたのである。千早城の包囲網はかくして寸断された。野伏や悪党の支援をうけた正成は、鎌倉幕府滅亡の日まで、幕府軍の攻撃に耐え、千早城を死守したのである。

　正成が、千早城を死守していた五月上旬、足利軍と赤松軍とが京都に侵入し、激戦のすえ、六波羅探題を壊滅させた。この時、六波羅探題北条仲時らは光厳天皇を奉じて鎌倉をめざして逃走しようとしたが、仲時らの一行をさえぎったのは、近江守山に布陣した野伏らであった。仲時と同行していた備前の住人中吉弥八が、

　忝モ一天ノ君、関東へ臨幸ナル処ニ、何者ナレバ加様ノ狼藉ヲバ仕ルゾ。心アル者ナラバ、弓矢ヲ伏セ、甲ヲ脱イデ通シ奉ルベシ。礼儀ヲ知ヌ奴原ナラバ、一々ニ召捕テ頸切懸テ通ルベシ

と非難すると、野伏たちはからからと笑って、

如何ナル一天ノ君ニテモ渡ラセ給へ、御運スデニツキテ落サセ給ハンズルヲ、通シ進ラセントハ申スマジ。タヤスク通リタク思食サバ、御伴ノ武士ノ馬、物具ヲ皆捨サセテ御心安ク落サセ給へと喚声をあげたという（『太平記』巻九）。仲時らは、悪党・野伏らの包囲網を突破することができず、ついに、番場の宿において悲劇的な最期をとげたのである（『蓮華寺過去帳』）。

野伏の哄笑は、崩壊しつつあった古代的権威への挽歌でもあった。時代は、大きく転換しつつあったのである。楠木正成の時代、それは日本史上最も大きな変革のときであった。

一三三三年（元弘三）六月、後醍醐天皇の新政権の発足とともに、正成は従五位下、検非違使、左衛門少尉に任ぜられ、河内・摂津の守護となった。さらに、恩賞方三番の局員、記録所の寄人、雑訴決断所三番方の奉行にもなり、新田義貞・名和長年らと武者所に勤務した。かれの栄達ぶりを、世人は結城、名和（伯耆守）、千種とあわせて、三木一草と称した。

天皇の信任も厚く、三条富小路に屋敷を構え、名和長年・結城親光とともに、天皇の身辺警護にあたった。しかし、一三三五年（建武二）の中先代の乱を契機に、建武政権の内部矛盾が顕在化するにつれて、正成の前途にも陰りが見えはじめる。中先代の乱を鎮圧するために鎌倉にむかった足利尊氏が、乱を平定したのちも鎌倉の地を動かず、同年末には、新田義貞誅伐を名目に挙兵し、京都に迫ったのである。この時、正成は、天皇とともに、叡山にこもって尊氏軍の糧道を断つ一方、北畠顕家の軍勢と共同して、京都糺《ただす》の森において尊氏軍を破り、これを九州へと逐った。しかしながら、勝利を収めた天皇方の戦意は一向にあがらなかったという。「敗軍ノ武家ニハ、在京ノ輩、従シテ遠行セシメ、君ノ勝軍ヲバ捨テ奉ル」（『梅松論』）という事態に直面した時、北畠親房ら公家たちには、その理由を説明することができなかった。しかし正成は、その原因を、すでに明王聖主への期待が破れ、天下の大勢が尊氏側に移っているからであるとはっきりと指摘することができた。そして、新田義貞を誅伐して尊氏を召し返し、かれと和睦すべきであると進言し、使者としてみずからが出かける覚悟であると涙ながらに語ったが、この献策は、参議坊門清忠ら頑迷な公家たちの嘲笑のなかで潰されてしまったのである。後醍醐天皇も、この重大な局面にあたって、「いやしき正成」の進言をうけいれようとはしなかったのである。

いったん九州に敗走したものの、足利尊氏は、多々良浜の勝利で頽勢をもりかえし、四月には東上を開始した。五月、足利軍の進撃を阻止するため西下した正成は、子息正行を河内に帰したのち、弟正季とともに腹心の部下七百騎をひきいて兵庫湊川へとむかった。その途中から天皇に対し、

今度ハ君ノ戦必破ルベシ。正成、和泉・河内両国ノ守護トシテ勅命ヲ蒙ル間、軍勢ヲ催スニ親類一族、猶モツテ難渋ノ色アリ。イカニ況ンヤ国ノ人民ニヲイテヲヤ。是レ則チ、天下君ヲソムケ奉ル証拠ナリ。

という悲痛な意見を具申した（『梅松論』）。この言葉から、正成が歴史の趨勢を洞察しうる正確な判断力をもった武将であったことがわかる。しかし、正成がいかに秀《すぐ》れた武将であろうとも、「国ノ人

民」の支持なくして、戦を遂行することはできない。建武政権が崩壊にひんしたこの段階で、民衆の支持は正成にはなく、いわんや後醍醐天皇にもなかったのである。足利軍との激闘のすえ、深手を負った正成は弟正季ら一族郎党六十余名とともに自刃してはてた。五月二十五日の夕闇せまるころであった。民衆の支持によって縦横無尽の働きをみせた正成であったが、その支援を失った時、いかに無残な事態へおいこまれていったか、湊川合戦の悲劇がそれをはっきりと物語っている。

四の章　内乱の黒幕・疎石

修学の日々

夢窓疎石は、一二七五年（建治元）に生まれ、一三五一年（観応二）臨川寺三会院《りんせんじさんねいん》に寂《じゃく》した。夢窓は、鎌倉幕府の崩壊、建武新政府の樹立と壊滅、南北朝の内乱という、わが国の歴史上未曽有《みぞう》の動乱期に生涯をおくったのである。かれは、中世禅林の半ばを占める夢窓派の始祖であるばかりでなく、「国主執政の権、唯に仏法を咨詢《しじゅん》するのみに非ず、事大小となく自ら決すること能《あた》わざれば、毎々これを師に問う」（『夢窓国師年譜』）といわれているように、その教導力は政治的局面にまでおよんだ。聖俗両界に絶大な影響力をもったその生涯を、変動期の社会とかかわらせつつ追跡してみよう。

夢窓は佐々木朝綱《ともつな》の子として伊勢に誕生した。母は平政村《まさむら》の娘という。一二七八年（弘安元）母方の一族に紛争があり、一家は甲斐へとのがれた。同六年、甲斐平塩山寺において真言宗の空阿大徳《くうあだいとく》についで出家し、一二九二年（正応五）南都におもむき東大寺戒壇院で受戒した。のち、甲斐に帰り、密教を学び天台の講義を聞いていたが、一二九四年（永仁二）、師の死去を潮《しお》に転宗を決意し、紀伊国由良《ゆら》の西方《さいほう》寺に法燈国師《ほうとうこくし》を訪ねようと修学の旅にのぼった。

しかし、旅の途中、京都において禅僧徳照《とくしょう》に逢い、かれの「まさに叢林《そうりん》にあってその規矩《きく》を学ぶべし。しかるのち、深山巌崖《げんがい》に仏法訪問もまた妨げじ」との言葉に従って、建仁寺の無隠円範《むいんえんぱん》のもとに入門することとなった。無隠は、北条時頼が深く帰依した蘭渓道隆《らんけいどうりゅう》の弟子であった。こののち数年間、夢窓は、鎌倉東勝寺の無及徳詮《むきゅうとくせん》、建長寺の葦航道然《いこうどうねん》、円覚寺の桃渓徳悟《とうけいとくご》らに学び、禅の修学に努めた。これらの寺々で、夢窓は、禅録を習《しゅう》し、法語の作成法を修め、時には、音楽的才能を見込まれて楞厳頭《れんねんじゅう》を務めることもあった。

こうして宋朝風禅院の修行をつんだ夢窓は一二九九年（正安元）十二月、建長寺に住《じゅう》していた来《らい》朝《ちょう》僧一山一寧《いっさんいちねい》のもとに参ずることとなったのである。このころの一山の人気は高く、入門希望者が殺到していた。一山は、仏教に題材をとった詩の作成試験をおこない、及第者のみに掛搭《かた》することを許したが、夢窓は、入門試験で最上位の成績をとったという。しかし、一山のもとでの修行は、激烈な競争と集団生活の煩わしさ、官寺の虚飾とがつきまとっていた。このような禅院のあり方に懐疑をいだいた夢窓は、ついにその会下《えか》を離れることを決心し新天地をもとめようとした。

一三〇三年（嘉元元）、一山のもとを去った夢窓は鎌倉万寿寺《まんじゅじ》に住していた高峰顕日《こうほうけんにち》を訪ねたのである。高峰は、後嵯峨天皇の皇子で、真言・天台・禅の兼修道場であった東福寺において円爾《えんに》に従って出家し、のち、来朝僧兀庵普寧《ごったんふねい》の門に入り、建長寺に掛塔した。しかしながら、叢林の猥雑さを嫌い、下野那須の雲巌寺《うんがんじ》に隠遁し、時としては、鎌倉浄妙寺、万寿寺に住したが、任期以外は那須の地に生活していたという。

高峰の法を嗣いだのち、一三〇八年（延慶元）夢窓は甲斐浄居寺《じょうごじ》に帰った。夢窓三十四歳の時であった。浄居寺というのは、甲斐牧荘《まきのしょう》にあり、領主二階堂貞藤（道蘊《どううん》）によって創建され、一三〇五年（嘉元三）、夢窓がその開祖に請《しょう》じられていたのである。貞藤は、鎌倉幕府随一の賢才といわれた人物であり、このころ四十二歳の働きざかりの武将であった。こうして夢窓はさきに高峰を通じて京都の公家社会に、いま、貞藤を通じて鎌倉武家社会に有力な人間関係を持つにいたったのである。後年、夢窓がその出処進退にあたって、きわめて正確に行動できたのは、かれらから得た情報にもとづく判断によっていたものであろう。

京への旅

一三一三年（正和二）夢窓は、元翁本元《げんのうほんげん》らと浄居寺をあとにして遠江にいたり、さらに美濃へ旅し、幽境長瀬山に庵《いおり》を建てた。のちの虎渓山《こけいさん》永保寺がこれである。土岐氏の外護《げご》によるものであろう。このころから、かれの名声は諸方に聞こえ、道を求める者が多く来訪するようになった。

一三一七年（文保元）九月、夢窓は突如古渓庵を去って上洛し、北山に寓居《ぐうきょ》する。夢窓上洛の理由については諸説あるが、玉村竹二氏の「或いは新たな帰依《きえ》者、又は、新たなる方面への出世の機会の多い処に、試みに身を曝《さら》して、その契機を摑《つか》めれば摑んでみようとしたのではないか」との所説が、最も首肯しうるものといえよう。

この北山の寓居へ、先師高峰顕日の遺嘱《いしょく》（雲巌寺請住）を実現させようとして覚海円成尼《かくかいえんせいに》（北条高時の母）からの使者が遣わされるという噂がながれてきた。このことを聞いた夢窓は、翌年正月、京都から土佐へ逃れ、五台山に入って吸江庵《ぎゅうこうあん》に隠棲《いんせい》した。覚海尼の使者が吸江庵を訪れたのは、一三一九年（元応元）四月のことであった。この使者は、「若《も》し師起《た》たずんば帰ることなかれ」との厳命をおびて土佐までおもむいたのである。使者が「若し師を隠す者あらば罪に処するぞ」と戸毎《ここと》に尋ねまわるのを聞いた時、さすがの夢窓も「業債逃れ難し」と、ついにその要請に応じて鎌倉へと帰ったのである。

鎌倉に帰った夢窓は、覚海尼の厚遇をうけたが、のち、相模三浦郡横州賀《よこすか》の地に泊船庵《はくせんあん》を営み、五年間の隠栖生活をおくることになった。この間、門を閉じて人を避けたと伝えられているが、『正覚国師和歌集』に、

相州三浦のよこすかと云《いう》所に、いりうミにのそミて、泊船庵とてすミ給《たまい》けるころ、中納言為相《ためすけ》卿《きょう》訪ねられ来《き》たりけるをふねにてをくりいたしたまひけるとき給ひける。

かりにすむいほり尋ねてとふ人をあるしかほにてまたをくりぬる

とあるのをみれば、中納言為相などとは親交を深めていたらしい。冷泉《れいぜい》為相は、播磨国細川荘の伝領争いの訴訟のために関東に下向した阿仏尼《あぶつに》の子であり、阿仏尼の死後も係争中の訴訟のために、鎌倉に住んでいたのである。泊船庵の檀那《だんな》は、甲斐の武田時信の子で、三浦氏の養子に入った三浦貞連《さだつら》であった。

同歌集には、

二階堂出羽《でわ》入道道蘊《にゅうどうどううん》亭にて、中納言為相卿、暁月房《ぎょうげつぼう》、侍従為守《じじゅうためもり》入道なと参会、法談の後、人々歌よミけるに、迷情之中仮有生滅といふ題にて、

夜のほともいくたひ出て入ぬらむくもまつたひにふくる月かけ

ともあり、夢窓が、どのような人々と交渉を持っていたかを知りうる。鎌倉幕府権力の失墜が顕在化しつつある社会状況のなかで、かれが、北条得宗家《とくそうけ》との直接的交渉を極力回避しつつも、大覚寺系の京都公家、北条一門に批判的な鎌倉武将たちとは緊密な関係を維持していたことは看過すべきことがらではなかろう。一三二三年（元亨三）からは、上総千町《ちまち》荘に退耕庵《たいこうあん》をかまえて住した。

南禅寺へ入る

正中の変の余韻がまだ消えやらぬ一三二五年（正中二）春、後醍醐天皇は、勅使を上総退耕庵に派遣して、夢窓に京都南禅寺への入寺を要請した。夢窓は病と称して応じなかったが、七月に北条高時を介しての再請があり、ついに固辞しきれず京都へとむかった。

後醍醐天皇が、夢窓を南禅寺へ呼ぼうとしたのは、この年閏正月二十七日に、南禅寺の通翁鏡円《つうおうきようえん》が、正中の宗論《しゆうろん》に疲労困憊し、宮中からの帰路において死去し、住持の席が空位となったことによる。

正中の宗論は、この年、南都北嶺の僧徒が禅宗の排撃を朝廷へ訴え出たことに端を発する。閏正月二十一日、清涼殿において、延暦寺・園城寺・東寺、さらには奈良諸寺の講師達と、南禅寺の通翁とが対問した。通翁は、那須雲巌寺の高峰顕日、大宰府崇福寺の南浦紹明《なんぽじようみん》に参じ、紹明から印可《いんか》をうけた学侶《がくりよ》であった。通翁は、侍者として宗峰妙超《しゆうほうみようちよう》を従え、風邪をおして出席した。通翁は、直問直答《じきもんじきとう》をもって宗旨を論じ、負けた者は相手の弟子になることにしようと提案した。こうして、宗論がはじまり、諸講師は、まず弟子を出して宗旨の強弱を討論させた。通翁の侍者妙超は、つぎつぎと宗敵を論破し、南都北嶺の僧らは答えることができなかったという。南都北嶺側の敗北が濃厚となった時、東寺の僧虎聖が「古来宗論は七日間にわたるのが通例である。どうして今回だけ、一問一答に限るのか」と難癖をつけた。このため、宗論は七日間も続くこととなった。通翁は病疾をこらえて宗敵の講師との問答を続け、相手の意見を摧破《さいは》し、ついには、敵方の諸講師に弟子の礼を執《と》らせたのである。しかしながら、通翁の体調は心労のために急激に悪化し、ついに帰路死亡するという悲劇となったのである。その死があまりにも劇的であったために、盗人のために殺されたのではないか、とか、路上で敵対勢力のために謀殺されたのではないかとの噂がたったほどである。宗峰との問答に屈して弟子となった者のなかに、叡山から出席していた学僧玄恵《げんえ》法師がある。

正中の宗論は、鎌倉末期の禅宗が宗教界において、どのような位置を占め、あるいは占めつつあったかの象徴的な事件である。禅宗は、このころにはまだ、宗教界のなかの一つの新興勢力にすぎなかったが、しかしやがては、おそるべき怪物になることが予想され、とくに叡山から敵視されていたのである。

一二九四年（永仁二）には、叡山の大衆は「京都に異類異行の輩《ともがら》が多い。これは仏法の滅ぶ相である。仍《よっ》て永く禅宗を停止すべきである」と訴えている。一三〇五年（嘉元三）、山僧らは後宇多上皇の嘉元寺建立を嗷訴《ごうそ》によって阻止し、同年、大和でも興福寺の衆徒らが片岡の達磨寺《だるまじ》を焼払《しょうふつ》している。かれらは「達磨寺の繁昌によって法相の寺が滅亡する」と称してこの事件をおこしたのである。永仁年間の成立といわれる有名な『天狗草紙《てんぐぞうし》』にも、

放下《ほうか》の禅師と号して、髪をそらずして、烏帽子《えぼし》をき、坐禅《ざぜん》の床を忘れて、南北のちまたに、佐々《ささ》

良《ら》すり、工夫《くふう》の窓をいでて、東西の路に狂言す。

との詞書《ことばがき》がある。禅宗および禅師に対する人々の評価がどのようなものであったかを知ることができよう。

通翁の侍者を務めた宗峰妙超は、南浦紹明の弟子で、京都紫野に小院をかまえて住し、一三二三年(元亨三)五月のころには、花園上皇に召されて参宮《さんぐう》するほどの名僧であった。

『花園天皇宸記』には

七月十九日　夜に入りて暴雨。雷小鳴。超侍者を請じて参禅。

九月十四日　妙超上人に遇《あ》い法談。

十月十八日　今夜、超侍者に遇い法談。

とある。正中の宗論において玄恵法師を破り、入門参禅させたことは前述したとおりである。玄恵は、後醍醐天皇の討幕計画にも参加した宋学に通じた叡山きっての学僧であった。

持明院統《じみよういんとう》の花園上皇と宗峰妙超との深い結びつきをみるにつけても、後醍醐天皇は、通翁の跡を継ぐ有力な禅僧を急ぎ求める必要を痛感した。天皇は、誰を南禅寺に招聘《しようへい》すべきかに苦慮していたのである。このような時、後嵯峨天皇の皇子高峰顕日の高弟に夢窓という禅僧がいるとの情報がもたらされた。夢窓は禅に秀れているのみならず、天台密教にも深い理解を示し、観音信仰や弥勒《みろく》信仰の持ち主でもあることが、冷泉為相をとおして伝えられたのである。そのうえ、かれは、幕府(とくに北条高時）との接触を極力避けているというのである。正中の変の失敗にもくじけることなく、さらなる反幕運動の展開をめざす後醍醐天皇が、このような人材を見のがすはずはなかった。

夢窓が天皇の要請に応じて上洛し、宮中において天皇に禅の要諦《ようてい》を説き、ついで、南禅寺に入寺したのは、一三二五年（正中二）八月のことである。以後、たびたび内裏《だいり》に参じて天皇に説法を続けた。

ところで、夢窓と天皇の結びつきに、花園上皇と宗峰妙超とが、異常なほどの関心を持ったことは注目すべきことがらであろう。

『花園天皇宸記』正中二年十月二日の条に、

今日宗峰上人に謁《えつ》す。禅林《ぜんりん》寺長老、内裏に参り、御問答の体これを語る。日ごろ道者の聞あり、仍《よつ》て召される所なり。しかるに此の如きの問答は、すべていまだ教綱《きようごう》を出でず。達磨の一宗地を掃《はら》ってつきたり。悲しむべし。悲しむべし。此趣、密々に語るところなり。この仁《じん》すでに関東帰《き》依《え》の僧なり。仍て不可の事など隠密にすべきの由、時宜《じぎ》あるか。仍て上人口外《しようにんこうがい》すべからざるの由これを示す。予《よ》つらつらこれを思うに、当今、仏法興隆の叡慮あるの由風聞す。しかるに東方の形勢に依《よ》りて、かえって隠密せらるる、如何《いかん》やいかん。この仁を以て、宗門の長老に用いられれば、即ちこれ、胡《こ》種族を滅す、悲しまざるべからず。

とある。宗峰は、後醍醐天皇と夢窓との禅問答の様子から、夢窓の禅をまだ教綱を出ない未熟なものであると批判し、夢窓が「関東帰依の僧」であるから警戒すべきであろうとのべている。花園上皇は、このような事は、後醍醐天皇が、関東の情勢、なかんずく幕府の動きに対応するためになされていることであろうが、このような人を宗門の長老に起用されることは、仏法興隆の期待に反することであり、やがては胡種族（禅宗の法脈）を滅ぼすことになるであろうと答えている。この記事は、花園上皇らが、禅林寺長老＝夢窓をどのように観察していたかをはっきりと示していて興味深い。

さらに、同月十日の条には、夢窓の宗風を探るために、宗峰が門弟海岸了義をわざわざ南禅寺に遣わして夢窓と問答させ、その結果を花園上皇に奏上《そうじょう》したことが記録されている。上皇は「子細《しさい》記すること能《あた》わず」と書いているが、上皇ら持明院統のグループにとって、夢窓はきわめて危険な、好ましからざる人物とみなされていることがわかる。花園上皇・宗峰と、後醍醐天皇・夢窓との対立は、持明院統と大覚寺統との抗争の縮図であった。さらにまた『花園天皇宸記』からは、宗峰の夢窓に対する嫉妬と両者の陰湿な葛藤を読みとることとさえできる。なお、北条得宗家との接触をできるだけ避けようとしている夢窓が、花園上皇側からは、「関東帰依の僧」と認識されていたことは皮肉なことであり、すこぶる興味深いことである。夢窓の北条高時に対する慇懃《いんぎん》な応接、北条一門に対するあまりにも周到な用心をみて、世人は夢窓を関東帰依の僧と判断していたのであろう。いな、鎌倉末期社会の最深部において、実は夢窓と得宗家とは、密着した関係にあったかもしれないとの疑惑すら抱かせる記述である。もしかしたら、『国師年譜』作成の過程で抹消されてしまった夢窓の事蹟があったのかもしれないのである。それはともあれ夢窓への誹謗《ひぼう》は、かれが聖俗両界において頭角をあらわしはじめたこと、それにつれて敵対勢力が出現してきたことの証左というべきであろう。

瑞泉寺の創建

一三二六年（嘉暦元）、南禅寺にあった夢窓は、北条高時によって関東に呼びもどされた。夢窓は伊勢から熊野へまわり、鎌倉におもむいたが、二階堂の地に南芳庵《なんぼうあん》を建てて住した。翌年二月、高時の懇請《こんせい》に負けて、一時期、浄智寺に入ったもののすぐに南芳庵にもどり、八月には、貞藤の援助によって瑞泉寺を創建してここに移った。かれは、この地を深く愛し、庭園や池泉をみずから設計し、一三二八年（嘉暦三）には観音堂をつくり、裏山に遍界一覧亭《へんかいいちらんてい》を造築した。

一三二九年（元徳元）、高時の再三の要請によって円覚寺に入り、衰微していた同寺の復興に尽力した。夢窓が円覚寺の住持となった時、同寺には修業中の無極志玄《むきょくしげん》がいた。二人は、最初対立していたが、夢窓の講経《こうきょう》を聞くや、たちまちにして意気投合したという。無極は、順徳天皇四世の孫であり、叢林の儀礼に詳しかった。夢窓は、将来自分が大叢林に出住した時には衆僧を統御してもらいたいと申し入れ、無極の約諾《やくだく》をとりつけている。さきの高峰といい、無極の場合といい、夢窓が、皇族出身の禅僧との結びつきを、きわめて重視していることは注目すべきであろう。かれが、政・宗両界における黒幕として活躍するための基盤はこうして形成されていったのである。

夢窓は、翌年九月、円覚寺を去って瑞泉寺に帰り、さらに甲斐牧荘におもむいて、またもや貞藤の援助によって恵林寺《えりんじ》を開いた。一三三一年（元弘元）二月、高時により建長寺入寺を懇請されたが聞かず、険崖巧安《けんがいこうあん》を推挙し、翌春には恵林寺に住した。北国から阿波におもむく途中の細川顕氏《あきうじ》が立ち寄り、夢窓から法衣をうけたのはこのころである。後年、顕氏が夢窓を足利尊氏・直義に紹介した事実により推察すれば、鎌倉最末期における政治・軍事情勢は、顕氏の手によっても夢窓のもとに知らされていたのではなかろうか。

一三三三年（元弘三）正月、険崖が二年の任期を終えて建長寺を退いた時にも、高時から入寺を要請されたが、夢窓は病と称して固辞し瑞泉寺に隠栖した。この年の五月初旬、後醍醐天皇の討幕運動に応じた新田義貞の軍勢が上野新田荘の生品《いくしな》神社に挙兵し、またたく間に勢力を増大して鎌倉を攻略した。市街は火の海となり、由比ヶ浜では死闘が続けられた。高時以下一族二百八十余人が東勝寺で自刃して果てたのは、五月二十二日のことであった。

必ず参洛すべし

一三三三年（元弘三）六月二十五日、後醍醐天皇の勅使が瑞泉寺に到着した。勅使のとどけた宸翰《しんかん》には、天下一統の最初、王法仏法再昌の時節、かたがた相看の志深し。必ず参洛せしめたまうべきなり。

と書かれていた。勅使は、夢窓の上洛をうながす天皇の意を伝えてきたのである。勅使と応接しつつあった夢窓の脳裡には、さる五月、新田軍の乱入によって鎌倉が紅蓮《ぐれん》の炎におおわれた時、かれを頼ってのがれてきた武将たちの顔が浮かんでは消えた。幾人の武将たちを救ったことであろう。しかし、苦悩のゆがんだ高時の怨めしげな顔が現われた時、夢窓は頭をふって、その面影を消そうとした。が、それは駄目であった。高時から、何度、円覚寺、建長寺の住持になってくれと頼まれたことか。そのつど、疾病《しっぺい》を理由に辞退し、かなわない時には、短時日の務めをはたして、すぐさまその職から離れた。何故にあれほどまでに高時のもとからのがれようとしたのであろうか。他人からは慈悲寛大な禅師と崇《あが》められているが、自分は、権威を否定するふりをしながら、より安定した権力を求めて身を処してきただけではなかろうか。夢窓は来し方を回顧しつつ暫時《ざんじ》をすごした。後醍醐天皇は、討幕に成功したのち、ただちに足利尊氏を介して勅使を派遣してきたのである。夢窓は、北条高時の、俤《おもかげ》を振りはらうと、天皇の命令に応じようと決意した。こうして、夢窓は、この時点における最も安定した政権の主宰者を外護者とすることとなったのである。

夢窓は、七月に上洛し、宮中に参内したが、早くも、

臨川寺可令管領給、者、天気如此、仍執達如件。

元弘三年七月廿三日　左少弁（花押）

疎石上人御坊

との綸旨《りんじ》により臨川寺を管領《かんれい》することとなった。寺領として、和泉塩穴《いずみしあな》荘、伊勢富津御厨《とつみくりや》、常陸佐都《ひたちさと》荘、同国東西岡田郷、加賀富永御厨を寄進された。

臨川寺は、亀山法皇の離宮であり、法皇の皇女昭慶門院《しょうけいもんいん》を経て、後醍醐天皇の皇子世良《ときよし》親王に伝えられたものである。世良親王は、一三二五年（正中二）に夢窓とともに上洛した元翁本元を師と仰ぎ禅宗に帰依していたので、離宮を禅院に改めたいとの志をもっていたものの、一三三〇年（元徳二）に死去した。後醍醐天皇は、親王の意志によって離宮を禅院とし、元翁を開山としたが、かれも翌年七月に死去したため、臨川寺は無住となっていた。そこで天皇は、上洛した夢窓の居所にふさわしいと、同寺の管領を夢窓にまかせたのである。

一三三三年（元弘三）十月、天皇の后礼成門院《れいせいもんいん》が死去した。天皇は、夢窓を二十七日間も宮中に留めて仏事を営み后の死を悼んだ。一三三四年（建武元）九月には天皇は宮中において法衣をうけて弟子の礼をとった。次いで南禅寺を五山の第一に昇格させて、夢窓を同寺に再住させようとした。夢窓は老病を理由に辞退したが、天皇は「仏法の隆替《りゅうたい》はその人に係る。若し師固辞せば、朕またこれを如何ともするなし」と懇請し、夢窓もついにこれに応じたのである。同年十一月、天皇は、南禅寺に行《ぎょう》幸《こう》していたが、これは、宮中における反夢窓派の動きを封殺するための行動であった。そして、翌年十月には、天皇は夢窓に臨川寺開山の地位を与えるという宸筆《しんぴつ》の勅書を下している。この時「門葉相《もんようそう》承《しよう》」（夢窓の法系の人だけが相承する）の特権をも勅許した。そこで夢窓は寺内に塔所をつくって三会《さんね》院《いん》と名づけた。三会院と呼ばれる開山塔を持つ臨川寺が、これ以後、夢窓派の拠点となったことは周知の事実である。後醍醐天皇の夢窓への帰依は、かくして最高潮に達したかの感があった。天皇は、禅林最高の地位に夢窓を君臨させようとしたのである。しかし、このころ建武政権は崩壊への道をたどりつつあった。

痛ましきかな今の政道

後醍醐天皇の建武政府に対する地方武士たちの不満と反抗は、はやくも一三三三年（元弘三）の暮れには現れはじめ、一三三五年（建武二）正月には、北条時直《ときなお》の遺児らが長門国府で蜂起し、二月には伊予においても、北条氏の与党が動きはじめた。そして六月、西園寺公宗《きんむね》と北条泰家《やすいえ》・時行《ときゆき》らの天皇暗殺計画が発覚した。後醍醐天皇によるあまりにも公家偏重の専断的な政治が地方武士の反発をひきおこしたのである。討幕運動の時点においては、公家との間に統一戦線を形成しえた武士たちも、公家重視の論功行賞に我慢できず不満を蓄積しつつあったのである。地方武士たちは、武家の棟梁《とうりよう》による天下の再統一を望みはじめた。『太平記』（巻十九）は、

今ノ如クニテ、公家一統ノ天下ナラバ、諸国ノ地頭御家人ハ、皆奴婢《ぬひ》雑人ノ如クニテアルヘシ、

哀イカナル不思議モ出来テ、武家四海《しかい》ノ権ヲ執《と》ル世ノ中ニマタ成カシト思フ人ノミ多カリケリ。

と記している。

醍醐・村上天皇による「延喜・天暦の世」を理想とし、みずから後醍醐と名のり、「朕ノ新儀ハ未来ノ先例タルベシ」と自負した天皇の日常も政権が発足して二年も経過するとしだいに政治に倦《う》みはじめ、歌舞《かぶ》・蹴鞠《けまり》・競馬が生活の大部分を占めるようになり、「痛ましきかな、今の政道」と批判されるにいたったのである。

この年の七月、諏訪頼重に擁立された北条時行が信濃で挙兵、長駆《ちょうく》して鎌倉を突き、足利直義軍を破った。八月、足利尊氏は、直義を救援するために京都を出発したが、この時、在京の武士の大半が尊氏に従ったといわれている。尊氏は、直義とともに、箱根・相模《さがみ》川の合戦で時行軍に壊滅的打撃を与え、同月十九日には鎌倉を奪回し、以後、若宮大路の旧幕府跡に居館をかまえ、供奉《ぐぶ》の武士に恩賞を与えて、みずから征夷大将軍と称した。建武政府からの使者が、京都へ帰ることを促したがこれに応ぜず、ついに十一月には、新田義貞誅伐を名目に、建武政府に反旗をひるがえすにいたったのである。十二月、新田軍を箱根竹ノ下で破った足利軍は、敗走する新田軍を追って尾張にいたり、熱田社に戦勝を祈願し、一三三六年（建武三）正月には、京都に侵入した。

このため、後醍醐天皇は、楠木・新田・名和らの軍兵をひきいて叡山にのがれ、畿内・近国の兵士を召集し、さらには、遠く陸奥から救援にかけつけんとする北畠顕家軍の上洛を待ちのぞんでいたのである。顕家軍が近江坂本に到着したのは正月十三日であり、十六日からは、京都の内外で足利軍と北畠軍との間で激戦が展開した。両軍の激戦が続くなか、夢窓は南禅寺から臨川寺へと退いている。かつて、高時を切りすてて後醍醐天皇と結んだ夢窓が、いまは、天皇を見限ったのである。事態の推移を見抜くためには、政争の渦中から一歩退くのが賢明である。臨川寺において、次期の政権担当者が天皇ではなく尊氏であろうことを冷徹にみきわめていたのである。

安国寺利生塔の造立

足利尊氏は、正月の京都合戦に敗れて西下する途中、播磨室津《むろのつ》において軍議を開き、有力諸将を四国・中国の各地に配置して将来に備え、備後鞆津に到着した二月十二日には、持明院統の光巌《こうごん》上皇の院宣《いんぜん》を受けて朝敵の汚名をのがれることに成功した。九州まで敗走したものの足利軍は、多々良浜で菊池軍を破ってのちは勢力を完全に挽回し、四月には、早くも七千余艘の大水軍をひきいて博多を発して、瀬戸内海を東上した。そして五月二十五日、湊川に楠木正成軍を破り、京都にせまったのである。同二十七日、後醍醐天皇は、神器《じんぎ》を奉じてふたたび山門（叡山）へ遷幸《せんこう》した。天皇に従ったのは、千種忠顕・新田一族・名和長年らであったが、光厳上皇は途中から病気を理由に一行と別れて京都に残り、皇子豊仁《とよひと》親王（光明天皇）とともに尊氏の本陣石清水八幡宮へとむかった。足利直義による山門攻撃は、六月五日から開始され、これに続く京都の合戦は、町々を戦火で焼きつくすこととなった。

山門を孤立させた尊氏は、六月十四日、光厳上皇を奉じて上京、八月十五日には、持明院統の光明天皇をたて、後醍醐天皇に還幸を申し入れた。十一月二日、後醍醐天皇から光明天皇への神器の授受があり、同七日には、室町幕府の基本法ともいうべき「建武式目十七条」が発表された。この間、尊氏は夢窓を幕府に招き、弟子の礼をとり、後醍醐天皇の宗教政策をそのまま受け継ぐことを内外に宣言した。夢窓はふたたび絶大な外護者を獲得したのである。後年、夢窓は、尊氏の人となりについて、

今征夷大将軍尊氏ハ、仁徳ヲカネ給上《たまううえ》ニ、三ノ大ナル徳マシマス也《なり》。第一ニ御心強ニシテ、合戦ノ時、御命終ニ及事度々《およぶことたびたび》ナリトイヘ共、咲《わらい》ヲ含テ怖畏《ふい》ノ色ナシ。第二ニ慈悲天性ニシテ、人ヲ悪《にく》ミ給事ナシ。多ノ怨敵ヲ寛宥アル事一子ノ如シ。第三ニ御心広大ニシテ物惜ノ気ナシ。金銀・土石ヲモ平均ニ思食《おぼしめし》テ、武具御馬以下ノ物ヲ人々ニ下給《くだしたまい》シニ、財ト人トヲ御覧シ合セズ、御手ニ任テ取給シ也。八月一日ノ時ナド、諸人ノ進物多キ様ニアリシカド、皆人ニ下給シ間、夕方ニハ何物アリトモ見エズト承ル。

と最大級の賛辞を与えているが（『梅松論』）、両者の固い結びつきはこうしてはじまったのである。沈静で寡言《かげん》、それでいて敏弁な夢窓にとって、人が良くて陽気な軽躁《けいそう》病質の尊氏を自在に操ることなどきわめて容易なことであったろう。

一三三七年（建武四）三月、越前金ヶ崎城が落ち、翌年五月北畠顕家が和泉石津《いしづ》で戦死し、閏七月には新田義貞が越前藤島で斃《たお》れた。このころから、室町幕府による全国統一が急速度に進められていく。それとともに、元弘以来の戦没者の霊を弔い、天下の泰平を祈願しようとする風潮が現れはじめた。このような機会を捉えた夢窓は、国ごとに一寺一塔を建立して、合戦に斃れた人々を供養すべきであると、尊氏にむかって情熱をこめて勧めた。この提案は尊氏の賛同を得て、直義に伝えられ、実現されることになる。『夢中問答』に、夢窓の意見として、

元弘以来ノ御罪業ト、其《その》中ノ御善根トヲタクラヘハ、何レヲカ多シトセンヤ。此《この》間モ御敵トテホロホサレタル人幾何ソ。其跡ニノコリ留リテ、ラウロウシタル妻子眷属《けんぞく》ノ思ヒハ、何《いず》クヘカマカルヘキ。御敵ノミニアラス、御方トテ合戦シテ死シタルモ、皆御罪業トナルヘシ。其子ハ死シテ父ハノコリ、其父ハ死シテ子ハ存セルモアリ。サヤウノ歎キアル者数ヲシラス。

とあるのを見れば、敵味方にかかわらず陣没した霊魂を弔わんとする安国寺利生塔《りしょうとう》造立というこの事業にとって、夢窓のはたした役割がきわめて大きかったことは明らかであろう。

安国寺には、各国守護の檀那寺《だんなでら》が指定された。それは、守護領国における分業流通の結節点にある守護所の付近に配置されており、軍事政治上に重要であったのみならず、思想統制にも大きな役割をはたしていた。安国寺の統制を通じて、守護を掌握《しょうあく》することもできたから、尊氏らは、幕府の威信を誇示する手段として安国寺と利生塔を位置づけていたものであろう。

舎利《しゃり》塔である利生塔について、今枝愛真氏は「夢窓が円覚寺舎利殿における仏舎利《ぶっしゃり》信仰からその着想を得たものであろう」と指摘している。利生塔は、全国にわたって一基ずつ設置されたはずであるが、現在まで山城法観寺の塔をはじめ二十七ヵ国の塔の存在が確認されているにすぎない。和泉久米《くめ》多寺《たでら》の塔の場合には、

和泉国久米多寺塔婆事、為二六十六基之随一一、早寄二料足一可二造畢一也。可レ被レ存二知其旨一之状如件。

建武五年五月十七日　左馬頭（直義）（花押）

長老

とあるように、幕府によって造営料所が寄付され、塔の建立が推進されたのである。伊賀楽音寺《がくおんじ》の場合は守護仁木義直《よしなお》によって「守護領山拼丸柱保」が寄進されている。各国守護が、塔の建立にあたって物心両面の援助をしたことはいうまでもない。夢窓にとって安国寺と利生塔は、自派を全国的に発展させるための重要な拠点となったのである。

天龍寺造営

一三三九年（暦応二）六月二十四日の夜、夢窓は、吉野にいるはずの後醍醐天皇が鳳輦《ほうれん》にのって亀

山の行宮《あんぐう》に入った夢をみたと人々に語った。吉野の山中で「玉骨《ぎょっこつ》はたとえ南山（吉野）の苔に埋るとも、魂魄《こんぱく》は常に北闕《ほっけつ》（京都）の天を望まん」と遺言し、朝敵討滅・京都復帰というすさまじい怨念《おんねん》を抱いて後醍醐天皇が死去したのは、それからほどない八月十六日のことであった。夢窓はただちに、天皇の菩提を弔うべきことを尊氏に勧めた。尊氏の天皇への悔恨《かいこん》と怨念に対する恐怖心をゆさぶり、夢を利用しての巧妙な勧誘である。尊氏と直義は、天皇の冥福をいのるために洛西嵯峨の地に一寺院を建立することをきめた。

後醍醐天皇の七七日《しちしちにち》の忌日《きにち》にあたって、光厳院は、

亀山殿事、為レ被レ資二後醍醐院御菩提一、以二仙居一改二仙閣一、早為二開山一被レ致二管領一、殊令レ専二仏法之弘通一、可レ奉レ祈二先院之証果一者、院宣如レ此、仍執達如件。

暦応二年十月五日　按察使経顕奉

謹上　夢窓国師方丈

との院宣をくだした。亀山殿は、嵯峨天皇の皇后 橘《たちばなの》嘉智子《かちこ》が創建した檀林寺廃跡に、後嵯峨天皇が造営した離宮である。のち、この離宮は亀山上皇に伝えられ、昭訓門院《しょうくんもんいん》を経て後醍醐天皇に譲られたもので、大覚寺統との因縁は深い。十月十三日、寺号を暦応資聖禅寺《しせいぜんじ》とする旨の院宣がくだされている。

暦応三年四月二十一日、木作《こづくり》始めの式がおこなわれ、それとともに、造営料所として、各地の荘

園が施入された。六月十五日、尊氏は「元弘朝恩の地」である日向国富荘と阿波那賀野山荘とを、八月十七日、光厳院は丹波弓削《ゆげ》荘を寄進施入した。翌年七月十三日には、地曳《じびき》祭がおこなわれた。尊氏・直義をはじめ、高師直・師泰らの武将も、それぞれに土一荷《つちいっか》を担ったという。後醍醐天皇の怨《おん》霊《りょう》に対する恐れが、いかに深いものであったかがわかる。

　鎌倉北条氏が建長・円覚の両寺を外護することによって、宗教界にも隠然たる勢力を占めたように、足利一門にとって、天龍寺の造営は、独自の宗教的本拠地を創出することを意味した。そのため、高師直・細川和氏《かずうじ》・後藤行重《ゆきしげ》・諏訪円忠《かずただ》らを奉公人として工事が開始された。しかし、特異な大工事であっただけに、さまざまな困難がつきまとった。まず、暦応資聖禅寺という寺号に対して、年号を寺に付するのは延暦寺の特権であるとの叡山の抗議がおこった。このため、寺号は、天龍資聖禅寺と改められることとなる。ついで、堀川具親のように「依二近年之兵乱一、人民窮困、営作之大功不レ可レ然」と工事に公然と反対する人々も現われた。各地の荘園が寄進されたとはいえ、戦乱は継続中であり、荘園からの年貢は、ほとんど納入されなかった。資金の面からも、工事は停滞しがちであった。

　天龍寺造営のためには、新しい財源が必要であった。直義は、元弘以来中断したままになっている商船を元に派遣して造営費を捻出しようと計画した。商船派遣の可否について、たびたび評定が開かれたが、意見は百出して一致しなかった。日野有範《ありのり》のみは賛成したものの、反対意見も多かった。判断に苦慮した直義は、ついに夢窓に相談を持ちかけたのである。夢窓は「不可苦候」と賛意を表明し

た。こうして天龍寺船が産声《うぶごえ》をあげたのである。夢窓は貿易船の綱司《こうし》（船長）として商人至本《しほん》なるものを推薦した。至本は、即日、

造天龍寺宋船壱艘事、為二綱司一、可二渡宋一候由、申請候上者、不レ謂二商売之好悪一、帰朝之時、現銭五千貫文可レ令レ進二納寺家一候、仍請文如件。

という請文《うけぶみ》を提出した。貿易の損益にかかわらず、帰朝の時には五千貫文を天龍寺に納めるという内容である。貿易船は一三四二年（康永元）秋に博多を出航し、翌年夏に帰国した。至本は大利益をあげ、五千貫は約束どおり献納された。夢窓は、貿易商人とも人脈をもっていたのである。

　このころ一つの事件が発生した。康永元年九月、光厳上皇が、伏見天皇の二十六年忌のために伏見に行幸したが、その帰途に土岐頼遠《ときよりとお》の一行と遭遇し、頼遠から濫妨狼藉《らんぼうろうぜき》を加えられたのである。頼遠らは、京都新日吉社《しんひえ》の馬場で笠懸《かさがけ》をおこなって帰る途中であった。大酒に酔い痴《し》れていたのが不幸であった。両者は、東洞院《ひがしのとういん》の辻で出会ったが、この時、光厳上皇に供奉していた役人が下馬せよと命令した。これに対して頼遠は、「この頃洛中にて頼遠に下馬を命ずるとは如何なる馬鹿者ぞ」と罵《ののし》り、院の御幸であると聞くや、からからと打ち笑って「なに院というか、犬というか、犬ならば射て落とさん」と犬追物《いぬおうもの》をおこなうように車に矢を射かけたのである。法秩序を重視する足利直義は、この事件を放置しなかった。事件直後に美濃に逃げ帰っていた頼遠は国もとから呼びかえされたのである。頼遠はひそかに上洛するとただちに臨川寺におもむいて夢窓に助命の嘆願をした。しかし、夢窓は

潔《いさぎよ》く刑に服して子孫の安泰を全《まっと》うするのが得策であろうと返事をするのみであった。

厳罰主義で政務をおこなっていた直義は、侍所《さむらいどころ》の軍兵を臨川寺へ派遣して頼遠を捕らえ、十二月一日六条河原で斬首《ざんしゅ》に処した。翌二日は、天龍寺上棟《じょうとう》の日であったが、この事件によって綱引《つなひき》の儀は延期された。頼遠の弟周済房《しゅうさいぼう》も死刑にすべきだとの意見もあったが、許されて美濃へ帰ることができた。この事件の後、天龍寺の脇壁に、

いしかりし時は夢窓にくらはれて
　周済ばかりぞ皿に残れる

との落首《らくしゅ》が書かれたという。覚えのよかった時には、さんざんに利用したにもかかわらず、いざとなると取りなすこともしない夢窓の身勝手さを、落首の作者はきびしく風刺したのである。時に土岐をかけ、夢窓に無性《むしょう》・無慚《むざん》を言い掛けたものであろう。夢窓が、一三一三年（正和二）、甲斐浄居寺から遠江を経て美濃長瀬山にいたり、ここに古渓と号する庵を建てて生活していた時、土岐氏の外護をうけていたことを世人は忘れていなかったのである。

天龍寺船の派遣による資金調達が成功し、着工以来、遅れに遅れていた造作工事も、一三四四年（康永三）の九月のころには完成の目処がついた。工事関係者は、後醍醐天皇の七回忌にあたる康永四年八月十六日には、光厳院に供養式への出席を要請できるのではないかと語りあうまでになった。しかし、光厳院御幸の噂が流れるや、一三四五年（康永四）七月、山門衆徒は御幸反対の嗷訴《ごうそ》に立ち

あがった。

三千の大衆法師は、

「夢窓を遠島《おんとう》に処せよ、天龍寺を破却し、永く勅願寺《ちょくがんじ》の号を削れ」

「天龍寺は、犬神人に破却せしめよ。疎石法師を不返の遠流に処せよ」

「このごろ異類異形《いぎょう》の輩が洛中に充満している。非道魔界の夢窓法師の邪法興行は言語道断である」

「天子本命の道場である叡山が荒廃している時、禅寺を厚遇するとはいかなることか。亡国の先兆である夢窓を遠島に追放せよ」

と口々に叫んだのである。八月に入ると叡山は、東大寺・興福寺にも助勢を乞うにいたった。このため、穏便第一主義の朝廷では光厳院の臨幸《りんこう》を中止した。

しかし、幕府は、叡山の妨害をはねのけて、八月十六日、後醍醐天皇の七回忌の法会《ほうえ》をおこなった。そして、二十九日には「天下の壮観」といわれた落慶《らっけい》供養が、尊氏・直義出席のもとにおこなわれた。導師《どうし》は、もちろん夢窓であった。尊氏・直義は、数百騎にのぼる軍兵を従え、山名時氏・高師直らの幕府有力武将も領国から召《めし》具した随兵《ずいひょう》をひきいて参列した。『太平記』(巻二四)は、この状態を、

貴賤岐《ちまた》ニ充満《みちみち》テ、僧俗彼《かれ》ニ群ヲ成ス。前代未聞ノ壮観ナリ。先ツ一番ニ、時ノ侍所《さむらいどころ》ニテ山名伊豆守時氏、ハナヤカニ鎧《よろい》タル兵五百余騎ヲ召具シテ先行ス。

と記している。『天龍寺供養日記』には、

今日之儀、大略被レ摸二建久六年鎌倉右大将家東大寺供養儀一畢、天下壮観、寺中大会也。

とある。落慶供養の華々しさは、幕府権力の威光を内外の人々に示すための大示威運動であった。天龍寺供養は、夢窓の生涯のうちで、最もはなやかな事件でもあった。

観応擾乱の中で

貞和年間（一三四五〜五〇）に入るころから、室町幕府の内部では、守護の人事や荘園政策をめぐって足利直義と高師直が対立し、諸将もいずれかに属して、直義派、師直派とも称すべき二派が形成されつつあった。新田義貞の戦死によって南朝勢力が弱体化し、戦火がしだいに鎮静化するにつれて、法治主義を唱える直義派が幕府内では主流を占めるようになった。

しかし一三四七年（貞和三）ごろから、楠木正行《まさつら》の軍事行動を背景に、南軍が勢力を伸長しはじめるや、南北両軍のあいだで軍事的緊張が一度に高まり、それにつれて、尊氏の執事で幕府の軍事面を担当していた高師直らの行動が注目を集めるようになった。南軍との対決とは別に、直義派と師直派の対立は激化し、幕府の内部崩壊につながりかねないような事態が生みだされつつあったのである。

一三四九年（貞和五）六月十一日、四条河原における橋勧進《はしかんじん》の田楽桟敷《でんがくさじき》が倒れ、多数の死者を出す

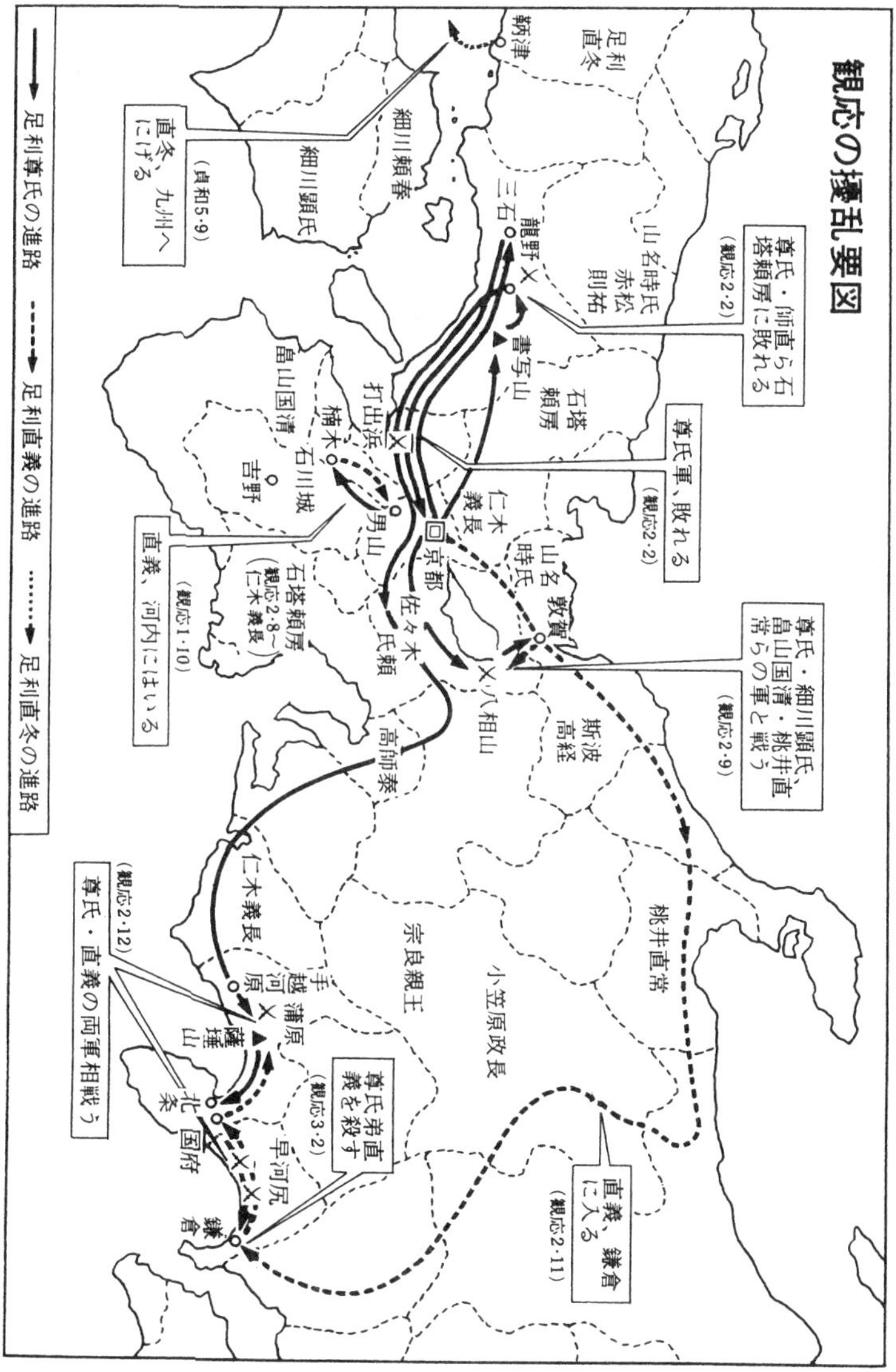

観応の擾乱要図
尊氏・師直ら石塔頼房に敗れる
(観応2・2)
尊氏軍、敗れる
(観応2・2)
尊氏・細川顕氏、畠山国清・桃井直常らの軍と戦う
(観応2・9)
直義、鎌倉に入る
(観応2・11)
尊氏弟直義を殺す
(観応3・2)
尊氏・直義の両軍相戦う
(観応2・12)
直義、河内にはいる
(観応1・10)
直冬、九州へにげる
(貞和5・9)
鞆津
足利直冬
細川頼春
細川顕氏
山名時氏
赤松則祐
龍野
三石
書写山
石塔頼房
打出浜
楠木
石川城
吉野
畠山国清
男山
石塔頼房
(観応2・8〜)
(仁木義長)
京都
仁木義長
山名時氏
敦賀
佐々木氏頼
八相山
斯波高経
高師泰
桃井直常
仁木義長
宗良親王
小笠原政長
手越
河原
蒲原
薩埵山
北条
国府
早河尻
鎌倉
足利尊氏の進路
足利直義の進路
足利直冬の進路

という惨事が発生した。世人は、これを天狗の所業であるとささやき、不安を語りあったが、桟敷の倒壊は、これにつづく不幸な事件の序幕にすぎなかった。

夢窓疎石の法眷《ほっけん》に、直義の帰依をうけて権勢をほしいままにしていた大休寺妙吉《みょうきつ》という住僧がいた。上杉重能《しげよし》らは、妙吉を唆《そそのか》して、師直・師泰らの挙動を、国を乱して誤《あやま》らせるものであると直義に讒言《ざんげん》させることに成功した。これをうけて直義は、六月三十日、持明院殿に参内して政道振粛《しんしゅく》を奏上した。奏上の内容は、師直派を政治の場から退けることであった。七月、師直の朝廷出仕は取りやめとなり、執事職も罷免されることとなった。権謀術数いり乱れる幕府の内訌（観応擾乱）の開始であった。

直義派の行動に対して、師直派も反撃を開始し、八月十三日夜、師直は自邸に兵を集め、十四日には、直義の逃げこんだ尊氏邸をとりかこみ、上杉重能・畠山直宗《なおむね》・妙吉をひき渡すこと、直義の政務を停止し、かわって足利義詮《よしあきら》を関東から呼びかえして政務につかせることなどを要求した。五万余人を結集した師直の軍事力は直義派を完全に圧倒した。尊氏も師直の要求を承認せざるをえなかったのである。師直と直義のこじれた関係を旧に復するためにのり出したのは夢窓であった。かれの調停により、両者の武力行使という最悪の状況を回避することができたのである。『師守記』の八月二十五日条には、

今日於二三条坊門武衛第一有二評定一、先日物忩之後初度、神事三ヶ条云々、執事武蔵守師直参レ之、

其外評定衆十人出仕云々。

とあり、直義が政務をみ、師直は執事に返り咲いたことがしられる。しかし、覆水《ふくすい》盆に返らずの比喩のごとく、それは、ほんの一時的な和解にすぎなかった。師直が、さきの和解条件の履行を強くせまり、尊氏もやむをえず鎌倉の義詮に上洛を命じたからである。義詮は十月入京し、三条坊門の直義邸に入ったので、直義は錦小路堀川の細川顕氏邸に移り、堅く門を閉ざして政務のすべてから手をひいてしまった。

十二月八日、直義は夢窓を授戒の師として出家する。理知的で緻密な論理を得意とする直義が、夢窓によって出家をとげたことは、世人にとって驚きであった。直義と夢窓とが取りかわした信仰上の問答の書『夢中問答』をみても、現世的な加持祈禱《かじきとう》をも容認していた夢窓の禅に対しては、直義がかなり批判的であったことがわかる。直義は、無学祖元の法流に学び、中国風の禅を尊崇していた。尊氏が夢窓のすべてを信じ、ひたすらに深く帰依していたのとはきわめて対照的であった。師直のクーデ

将軍権力の二元体制

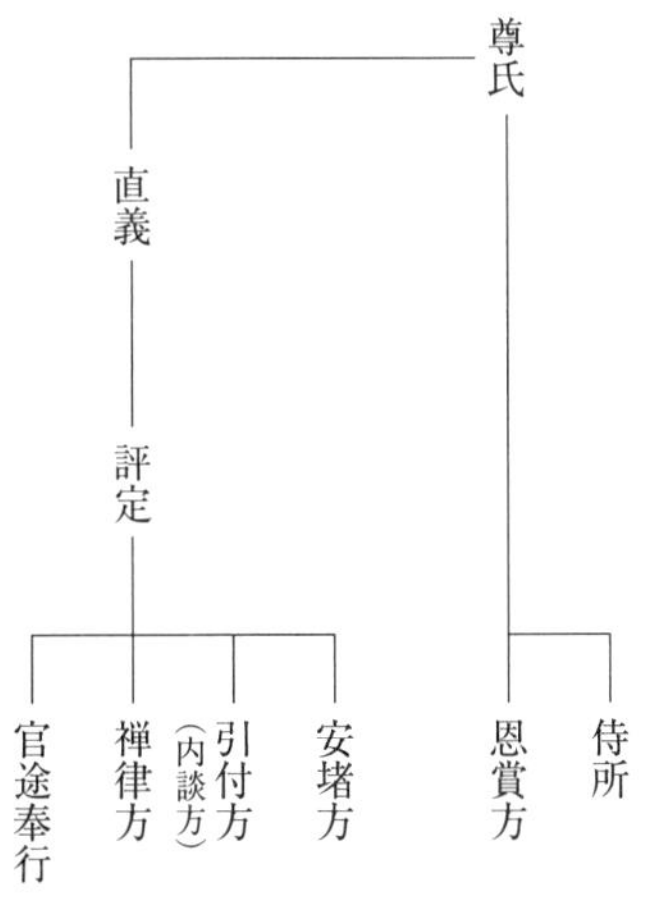

ターからはじまり、義詮の上洛、重能らの殺害、養子直冬《ただふゆ》に対する追伐など、一連の事件が直義をうちのめし、かれは心神喪失の状態に追いこまれていたのであろう。日頃批判的な夢窓に縋《すが》らざるをえなかったことは哀れである。錦小路邸に蟄居する失意の直義を慰めたのは、禅僧玄恵の時折の訪問のみであった。

出家蟄居中の直義が京都を出奔して大和へのがれたのは、一三五〇年（観応元）十月二十六日のことである。直義は、河内石川城に入り、師直・師泰追討の兵を募った。十二月、直義は南朝に降服して勢力の挽回をはかる。翌年正月、直義は、尊氏・義詮の連合軍を京都の合戦に破った。尊氏は師直らとともに丹波へのがれ、のち播磨書写山に拠った。『園太暦』の同年正月二十三日の条に、

晴陰不レ定、竹林寺長老賢救上人来、謁レ之、雑談良久、武衛禅門、将軍和談事、去十七八日之間、夢窓国師媒介、以二等持院祖曇和尚一被示中有、入道有二種々告文一云々。

と記されている。またしても夢窓が、尊氏と直義との和睦を周旋するために登場したのである。夢窓によって、直義のもとに派遣された祖曇《そどん》は、玄恵の弟子で楠木氏の縁者でもあった。この時の和議は、結局直義の反対によって成立しなかった。直義の側に、尊氏・師直軍を打破しうるだけの自信があったからであろう。

両軍が摂津打出浜に激突したのは、同年二月十七日のことである。師直は股に矢をうけ、師泰も内《うち》冑《かぶと》を射抜かれて重傷を負った。尊氏軍の敗北はいまや明らかであった。二月二十二日、尊氏は侍童

命鶴丸《みょうづるまる》を八幡の直義本陣に遣わして和談を申し入れた。師直・師泰らの出家が条件であった。和談成立後、尊氏らは、京都に帰らんとしたが、行列が摂津鷲林寺の前にさしかかった時、上杉・畠山の軍勢五百余騎に襲撃され、高《こう》氏の一族郎従数十人が誅戮《ちゅうりく》された。この時、師直は禅僧の衣を着し、師泰は時衆《じしゅう》衣《え》を纏《まと》っていたという。二十七日、尊氏は山崎から入京して上杉朝定《ともさだ》邸に入り、翌日、八幡の本陣から直義も帰って錦小路邸に入った。ただちに両者の対面がおこなわれたものの、師直殺戮の事件直後であっただけに、互いに無言であったという。しかし三月になると、尊氏が直義邸をおとずれたり、尊氏・直義・義詮の三人がうちそろって西芳寺に詣で夢窓の法談をきくなど、表面上は、きわめて穏やかな日々が過ぎていった。

この年の二月から五月にかけて、南北両朝の講和交渉がしばしばおこなわれている。幕府側から直義が、南朝側からは楠木正儀《まさのり》が講和を主導した。三月には、夢窓も光厳院に謁して講和につき相談している。しかし、南北両側の見解は一致するにいたらず、和議は中止となり交渉は決裂した。

この年の七月十九日、直義は尊氏に会って政務の返上を申し入れた。義詮を助けて直義が政務をみるという形で再開された幕府政治であったが、このころには、そのような弥縫策では、幕政の矛盾を隠蔽することができなくなっていたのである。七月三十日の夜半、身の危険を感じた直義は、京都をのがれて北国へと走った。桃井直常・山名時氏・石塔義房らの武将のほか、日野有範・言範らの儒学者も加わり、総勢数千騎になったといわれている。北国は、直義派の強力な基盤であった。尊氏も、直義を追って近江に出陣した。内乱は、何時はてるともなく続き、世情はなお混迷をきわめていた。

この年の八月十六日は、後醍醐天皇の十三回忌にあたっていた。夢窓は天龍寺にあって十三回忌の仏事を親修した。その前日、光厳院は院使を夢窓のもとに派遣して心宗国師の号を加賜した。この十六日には尊氏からの書状が届けられた。書状は、

天龍寺事、為レ奉三報二謝先皇之恩徳一、蒙二今上之勅命一、為二御開山一建立訖。公私之発願、濫觴異レ他、現当之願望、仰二伽藍之照鑒一。仍当家之子孫一族家人等、及二末代一、専二当寺帰依之志一、寺院幷寺領等事、可レ抽二興隆之精誠一、若現二不義一及二違乱一者、永可レ為二不孝義絶之仁一候也。可レ得二此御意一候。恐惶敬白。

観応二八月十六日　　尊氏御判

侍者御中

という内容を持つもので、尊氏は、足利の一族家臣が末代にいたるまで夢窓派に帰依することを誓ったのである。直義・直冬という肉親と抗争中の尊氏にとって、一族家臣の団結こそがなにものにもかえがたいものであり、もっとも望ましいものであった。夢窓への一族帰依の誓約は、一族の団結を前提としてはじめて意味を持つものであり、一族の団結こそ、足利氏が内乱期社会を生き抜いていくための必須条件であった。天龍寺と夢窓への帰依は足利氏にとって精神的紐帯そのものであった。

夢窓は、こうして公武の信仰を一身に集めることとなり、宗教界においても自派をひきいて圧倒的

な力を持つにいたった。まさに、聖俗両界の教導者として君臨したのである。しかし、このころから、夢窓の健康はいちじるしく損なわれ、ついに天龍寺から臨川寺三会院に隠退して俗縁を絶った。体調の良い日には、寺僧に対して「苦楽逆順は道の在《あ》る所、生死去来は遊戯三昧《ゆうぎざんまい》なり」と説いたという。

九月二十九日、世礼にしたがって告別の偈《げ》をつくった。偈の最後の句に「護法の権威更に誰をか仰がん」とある。自分の死去してのちもなお夢窓派への外護を望んでいるかのようである。七十七歳の夢窓にしても、生死を達観して遊戯三昧の境地にたやすくはなれなかったのであろう。しかし翌三十日には、親しかった僧衆らに別れを告げ、怡然《いぜん》として寂《じゃく》したという。三会院の外では、観応擾乱の嵐がいちだんと激しく吹き荒《すさ》んでいた。

夢窓の死後も、春屋妙葩《しゅんおくみょうは》・義堂周信《ぎどうしゅうしん》・絶海中津《ぜっかいちゅうしん》らの努力と足利一族の外護によって、夢窓派は、中世禅林の大半を占める大勢力へと発展したのである。夢窓疎石の事蹟が『天龍開山夢窓正覚心宗普済国師年譜』として、春屋妙葩によって編撰されたのは一三五三年（文和二）春のことであった。

五の章　ばさら大名・道誉

はじめに

バサラとは、サンスクリット語のバアジャラ（Vajra＝硬くて、どんなものをも砕く金剛石）から派生した言葉で、「無遠慮な」とか「はでな」とかという意味に使用された南北朝時代の流行語である。また、ばさ（婆沙）とは、舞人の衣服の袖が美しくひるがえる様子、物の散り乱れるありさまをいい、能楽などでは、本来の調子をはずして、技が目立つようにした自由な形式を意味したという。それは、下剋上と自由狼藉の世界である内乱期社会における最先端の風俗であり、美意識であった。

内乱期社会に、人々が愛好した「バサラ扇ノ五ツ骨」とは、人目をひく、はなやかな絵模様の贅をこらした扇であった（二条河原落書）。人々は、「バサラ」と号して、派手で、贅沢な衣服をまとったのである。成立まもない室町幕府が、バサラの流行を禁止したのも、権力の安定化という観点からすれば当然の措置であった（『建武式目』第一条）。

小稿は、内乱期社会を自由と狼藉に生きぬき、下剋上人の典型といわれたバサラ大名土岐頼遠・高師直・佐々木道誉のうち、道誉をとりあげ、かれの生涯の素描をこころみるものである。道誉を語る書物は多いが、秦恒平（「佐々木道誉」『人物日本の歴史7南朝と北朝』一九七六年、小学館）、林屋辰三郎（『佐々木道誉』一九八〇年、平凡社）のほかは、断片的叙述にすぎない。それにもまして、虚実いりみだれた道誉論が横行している。まず、道誉の実像に可能なかぎりせまり、そのうえで「虚の世

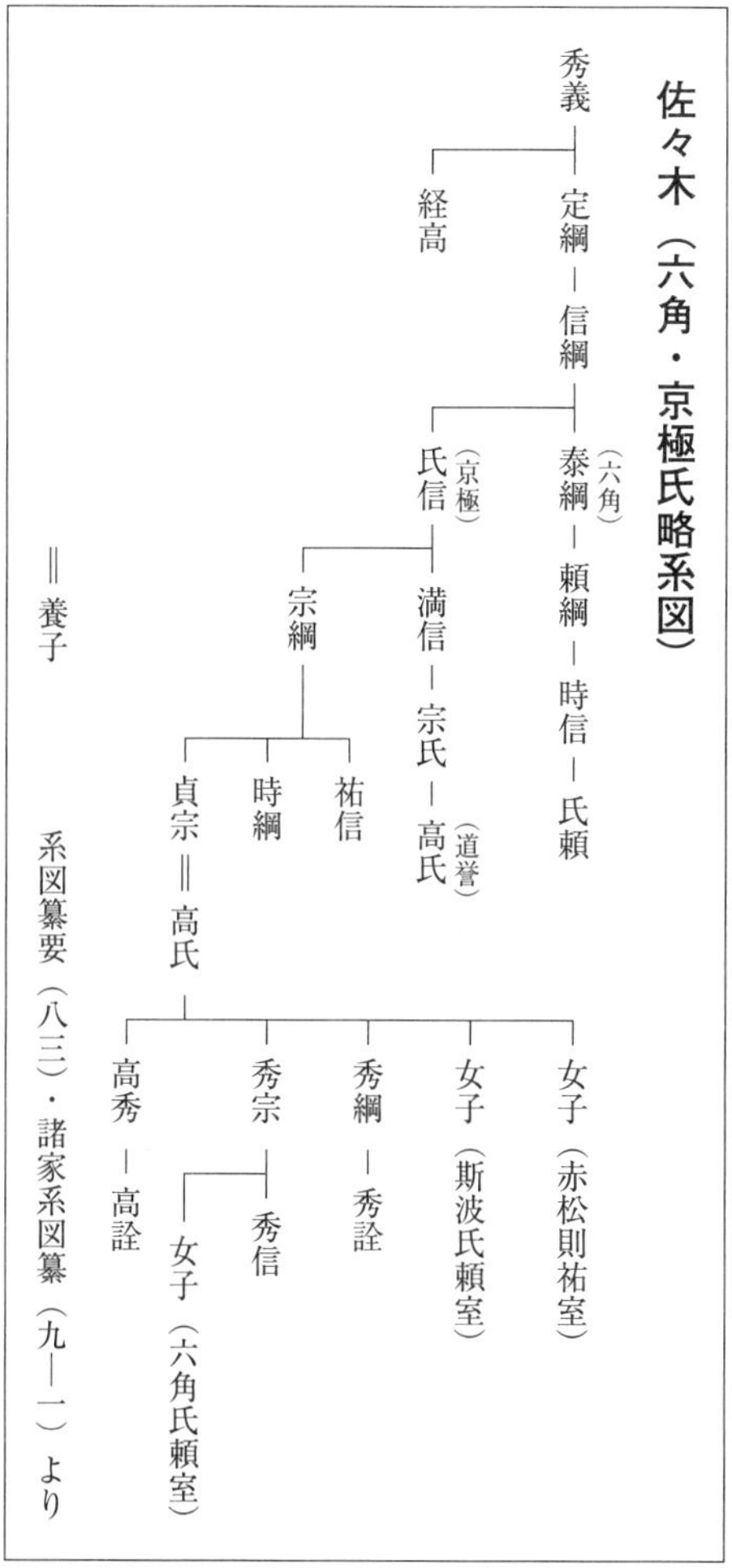

界」においても、道誉が重要な位置をしめている理由を明らかにする必要があろう。小稿は、そのような意味での作業の第一段階である。

バサラニ風流ヲツクシテ

一三四〇年（暦応三＝興国元）十月六日のことである。佐々木道誉と秀綱父子が、西郊東山で「バサラ風流ヲツクシテ」小鷹狩りをおこなった帰途、妙法院のまえを通りかかった。妙法院は、代々法親王が住持につくという格式の高い寺である。道誉は、部下の者に命じて妙法院南庭の紅葉の枝を手折らせた。それを、おりから暮れなずむ秋の風情をながめて、風詠閑吟の最中であった亮性法親王が見とがめ、坊官を走らせて、「誰レナレバ御所中ノ紅葉ヲバサヤウニ折ゾ」と制止させた。道誉の側は「御所トハ何ゾ、カタハライタノ言ヤ」と嘲笑して、さらに大きな枝を折る。そこへ、宿直の山法師がかけつけて、紅葉の枝を取りもどし、さんざんに狼藉者を打擲して門外へと追い出してしまった。道誉はこのことを聞くと「何ナル門主ニテモヲワセヨ、此道誉ガ内ノ者ニ向テ、左様ノ事翔ン者ハ覚ヌ者ヲ」と怒り、三百余騎をひきつれて妙法院にかけつけ、御所に放火したのである。折りからの烈風にあおられて、火の手は建仁寺まで及び、転輪蔵・開山堂・塔頭瑞光院などを類焼した。火勢は夜半にいたってますます激しく、在京の武士たちは「コハ何事ゾ」と大騒ぎし、人々は「前代未聞ノ悪行哉、山門ノ嗷訴今ニ有ナン」と噂をしあったという。

案の定、事の次第を聞いた山門の衆徒は怒りくるい、道誉父子を死罪にするからひき渡せと朝廷に迫った。何らの実行力もない朝廷は、幕府へこの旨をとりついだが、尊氏・直義ともに道誉を贔屓にしていたので、なんらの処置も講じなかった。これに対して、山門は嗷訴も辞せずと強硬な態度を示した。これにおされて、幕府は、道誉父子を流罪に処すと発表した。山門側は、流刑は軽いと不満の意を示したが尊氏は、それをとりあげず、結局、流罪に落ち着いたのである（『中院一品記』十月二十六日の条）。

この年十二月、配流地は道誉が出羽に、秀綱は陸奥へと定められた。出羽への護送にあたって、道誉の実名（高氏）が、将軍尊氏に通ずることを憚って、「峯方」という異名が作られている（『中院一品記』十二月十三日条）。

一三四一年（暦応四＝興国二）四月二十五日、道誉は配所へ出発することとなり、ひとまず、上総国山辺郡へと移送されることとなった。この時の様子を、『太平記』（巻二一、佐渡ノ判官入道流刑事）は、つぎのように興味深く記している。

道誉近江ノ国分寺迄、若党三百余騎、打送ノ為ニトテ、前後ニ相順フ。其輩悉猿皮ヲウツボニカケ、猿ノ皮ノ腰当ヲシテ、手毎ニ鶯籠ヲ持セ、道々ニ酒肴ヲ設テ、宿々ニ傾城ヲ弄ブ、事ノ体、尋常ノ流人ニハ替リ、美々敷ゾ見ヘタリケル。

まさに、道誉らしい、バサラ風の出発であった。道々に酒宴を設けて、宿々に遊女とたわむれるという物見遊山の体であったことはともかく、若党たちが、みな猿皮の腰当をしていたということは、猿が日吉社の神獣として崇拝された当時として、山門に対する痛烈な皮肉であったことは明らかである。若党に持たせた鶯籠も道誉の経済力の誇示であった。

道誉が、このような大胆な行動、バサラの風を実行することができたのは、どのような要因によるのだろうか。軍事力、経済力の面から追求することが必要であろう。

守護大名として

佐々木高氏は、一二九六年（永仁四）に宗氏の四男として生まれ、一三〇四年（嘉元二）五月、京極家の家督をうけついだ。一三一四年（正和三）に左衛門尉、一三二二年（元亨二）検非違使となり、一三二四年（元亨四）三月、後醍醐天皇が石清水八幡へ行幸したさいには橋わたしの役をつとめた（『増鏡』一三秋のみ山）。一三二六年（正中三）に北条高時が出家したさいには、高氏も出家し、道誉と号した。おそらく、得宗家の忠実な御家人として、高時に近侍していたものであろう。

一三三一年（元弘元）八月の元弘の乱は、後醍醐天皇方の大敗となり、天皇は捕えられ、翌年三月には隠岐へ流刑された。この時、道誉は、道中警固にあたっている。同年六月には、北畠具行を鎌倉へ護送したが、近江坂田郡相原で、幕命により斬刑に処した。この時、具行は、道誉の行き届いた配慮に深く感謝したという。

一三三三年（元弘三）三月、後醍醐方を討伐せよとの幕命により、足利高氏が鎌倉を進発したが、この時、高氏は道誉に命じて怨敵退散のために鏑矢させたという。『京極家譜』によれば、頼朝挙兵のさい、佐々木経高が第一の矢を発した旧例にのっとり、道誉に命じたとあるが、注目すべきことは、「于時道誉自腰越向鎌倉放箭訖」との記載である。もしこれが事実とすれば、鎌倉に向かって矢を放ったという、この時点で、すでに、高氏は反幕府行動＝後醍醐方に応じて挙兵するという意思表示をおこなったこととなる。高氏とともに京都にむかった道誉は、近江番場宿で高氏のために饗応をつくし、軍談密約を交わしている。高氏とともに、後醍醐方につくという旗幟を鮮明にしたことでもある。それは、没落する北条得宗家につくした佐々木惣領家の六角時信とはまったく対照的な行為であった。時信は、六波羅探題が滅亡し、北条仲時が鎌倉への逃亡をこころみた時、同行しようとしている。ただ、瀬多橋警固の殿軍をつとめたため、仲時一行とはなればなれとなり、やむをえず降人となった。ただ、そのさい、時信が降人となり上京した経緯をのべた『太平記』が、「時信四十九院ヨリ引返シ、一族佐々木道誉足利殿ニ在ハ、彼ニ云合セテ咎ヲ逃ントテ上京ス」と伝えていることに注目する必要があろう。時信の降伏が、道誉と高氏との密接な関係を知っての行動であったことは明らかである。

後醍醐天皇の建武政府が中央機関の一つとして設置した雑訴決断所において、道誉は八番方（西海道担当）の奉行人をつとめた（建武元年八月雑訴決断所結番交名）。

一三三五年（建武二）七月に、北条時行が鎌倉を攻略したとき（中先代の乱）、敗走する足利直義を助けるために尊氏が東下したが、道誉も同行して相模川の合戦で戦功をあげたという。この年の十一月、後醍醐天皇は新田義貞を節度使に任命して、尊氏を討伐するために東国に発向させた。後醍醐軍に抵抗することを逡巡する尊氏をはげまし、建武政権から離脱することを尊氏にすすめる軍議が直義邸で開かれた時、道誉は、上杉憲房、細川和氏とともに評定にのぞんでいる（『太平記』巻一四）。

一三三六年（建武三）五月の湊川合戦に楠木正成を破った足利尊氏は、翌月、光厳天皇を奉じて入京し、比叡山に籠る後醍醐天皇方と合戦を開始した。天皇が山門に籠もった理由は、衆徒三千という軍事力もさることながら、近江・北陸から京都に入る物資のすべてが、山門支配下の馬借の手をへること、洛中の土倉の大半が山門の支配下にあったという経済的理由によっている。さらに、山門方は、兵粮の補給源として東近江を制圧していたのである。足利軍にとって、この戦いを有利にすすめるためには、近江路を封鎖し、山門を孤立化させることが必要であった。尊氏は、越前守護斯波高経に北国路をおさえることを命じ、佐々木道誉と、小笠原貞宗に琵琶湖の舟運をおさえて山門の糧道を断たせたのである。とくに、道誉には、近江・伊勢の軍勢を指揮して、東近江における足利軍の行動を援護するようにと命令した（建武三年六月二十五日足利直義御教書　小笠原文書）。九月、京都から丹波路を通って若狭小浜に出た道誉は東坂本において偽って天皇方に降伏した（『梅松論』）。そして、言葉巧みに「江州ハ代々当家守護ノ国ニテ候ヲ、小笠原上洛ノ路ニ滞テ、不慮ニ両度ノ合戦ヲ致シ、其功ヲ以テ躯テ管領仕候事、道誉面目ヲ失フ所ニテ候。若当国ノ守護職ヲ被恩補候ハバ、則彼国へ罷向ヒ、小笠原ヲ追落シ、国中ヲ打平ゲテ、官軍ニ力ヲ著ン事、時日ヲ移スマジキニテ候」と申請して、近江の守護職と数十ヵ所の闕所地を得たのである（『太平記』巻十七）。その直後、一転して東近江に進出し、脇屋義助の軍と戦ってこれを破り、観音寺城に布陣して、山門の糧道を断つことに成功した。この時の軍功によるものと思われるが、十二月に尊氏は道誉を若狭の守護に任命した。そして、一三三八年（建武五）四月には、近江の守護に補任されている。近江の守護は佐々木一族の惣領家として六角氏が相伝して来たが、ここに、はじめて、庶子家である京極家へと移ったのである。

ところで、道誉がいかに、権謀術数の策士であるとしても、内乱期社会を、守護大名として生き抜くためには、一族や有力国人層の支持を得ることが絶対条件であった。さらに、領域内の有力寺社との提携を通じてのイデオロギー支配も必要であった。道誉が依拠したのは湖東・湖北を信仰圏にもつ多賀大社であり、神主である多賀、河瀬一族であった。多賀氏、河瀬氏は、道誉の拠点の一つ、犬上郡甲良荘の近くに勢力を持つ国人領主でもあった。一三三七年（建武四）六月二十一日と推定される高師直宛の書状に、道誉はつぎのように記している。

為将軍家御祈禱、信楽発向之刻、以多賀庄奉寄進多賀社候畢。其子細就執申候、於寺社奉行方、其沙汰候歟。無相違之様、可被懸御意候。爰為山懸中務丞奉行、多賀平内左衛門尉家貞御施行申之云々。非沙汰之限業候歟。可被立御使於奉行所候哉。当社神官と申候者、多賀・河瀬一族候也。自始至于今致無弐軍忠候。道誉今甲良ニ居住之事候者、一向此一族等相憑候也。旁以無相違之様申御沙汰候者本望候。恐々謹言。

六月廿一日　　　　　　　　　沙弥導誉（花押）

謹上　武蔵守殿

一三三八年（建武五）の吉野攻撃にさいして、道誉は近江の軍勢を召集して参加しようとした。しかし、高嶋郡の武将のなかには不参の者が多かったらしく、道誉は、朽木頼氏に対して、矢のような軍勢催促状を発給している（『朽木文書』）。近江の国人領主層を、なお、確実には掌握しきれなかったのであろう。

幕営にあって

一三四一年（暦応四＝興国二）八月、足利直義は、勢力を回復しつつあった伊勢の南軍を攻撃するために道誉を発向させ、翌月には、朽木経氏に対して道誉と協力するように命じている（『尊勝院文書』）。一三四三年（康永二＝興国四）八月、道誉は尊氏から出雲国守護職を与えられたが、このころ、道誉は、引付方頭人をも務めていた。一三四四年（康永三＝興国五）三月、幕府は五番制引付方を編成替えするとともに、所務沙汰の機関として三方制内談方を新設併置した。この時、道誉は、五番制引付方二番の奉行人、内談方における第一方の奉行人を兼務した。ちなみに、第一方の頭人は高師直である（「結城文書」）。

一三四五年（貞和元＝興国六）八月二十九日の天龍寺供養は、一一九五年（建久六）三月における源頼朝の東大寺開眼供養の儀におとらぬ天下の壮観といわれた。佐々木一族もこれに参加したが、道誉の息秀綱は、山門警固の大役を果たして注目をあびた（『光明院宸記』）。

一三四七年（貞和三＝正平二）から四八年（貞和四＝正平三）にかけて、楠木正行を中心とする南朝方の動きが活発となり、道誉もしばしば、兵を動かしてこれに対応した。四八年一月、高師直とともに軍事行動をおこした道誉は、二月、大和水越の激戦で負傷して奈良に帰り、二男秀宗が戦死をとげている（『醍醐地蔵院日記』）。

一三四九年（貞和五＝正平四）閏六月のころからはじまった足利直義と高師直の対立は、やがて、室町幕府の中枢をまっ二つに分裂させる武力抗争となった。いわゆる観応擾乱である。この擾乱の間、道誉は終始尊氏方に立って行動した。幕府は八月十五日の政変（高師直の強請によって上杉重能、畠山直宗を越前に配流）によって、内談方頭人の一人上杉重能が没落したことを機に、引付衆の編成替えをおこなった。この時、道誉は、五番方引付の頭人をつとめている。

一三五〇年（観応元＝正平五）四月、室町幕府は、道誉に多賀神社祭礼興行を命じた。道誉は、ただちに、多賀社神主であり国人領主であった多賀盛永につぎのような書状を発している（「多賀神社文書」）。

近江国多賀社祭礼事、御施行案如此、早任被仰下之旨、行事多賀太郎左衛門尉相共、令専祭礼、可興行神事之状如件。

観応元年四月十六日　　沙弥（花押）

多賀平三左衛門尉殿

室町幕府の分裂は、この年七月二十五日に、土岐周済が美濃に挙兵したことにより、いっきょに顕在化した。二十八日、尊氏は東寺、八坂神社など畿内の諸寺社に「凶徒退治」を祈禱させ、義詮を上将に、高師直を副将に任じて出陣させた。道誉は、それにさきだって出撃し、近江山中宿において周済の兵を破った。十二月に入って、直義派の石塔頼房が八幡に入り、赤井河原に布陣したとき、道誉は仁木義長とともに、頼房軍と戦っている（『園太暦』観応元年十二月七日の条）。

一三五一年（観応二＝正平六）二月、高師直、師泰を討った直義派が勢力の挽回に成功するや、直義は幕政の改革にのりだし、直義派の武将である畠山国清・桃井直常・石塔頼房・細川顕氏らを引付頭人に登用した。これに反して、尊氏派の斯波家兼・佐々木道誉・長井高広らが罷免された。この年の七月卅日、反対派の襲撃を恐れた直義が京都を逃れて北国にむかったのを契機として、尊氏派と直義派の全面対決となった（『観応二年日次記』）。いったん、北国に赴いた直義は、近江・信濃を経て鎌倉をめざしたが、このため、近江の各地で両派の激戦が展開した（観応二年八月十日足利尊氏御教書『小笠原文書』）。道誉の軍勢は、近江に進入した石塔頼房軍と戦い、一時は苦戦におちいったが、根拠地甲良荘において頽勢を建てなおしている。一三五二年（文和元）十月、義詮は、道誉に近江国余呉荘の地頭職を与えた。おそらく、観応擾乱のさいにおける戦功に対する恩賞の一つであったろう（「佐々木文書」）。十一月には、下坂荘地頭職を、十二月には、田根荘地頭職を与えられている（「佐々木文書」）。

一三五三年（文和二＝正平八）正月、道誉は、北野社参詣と称して外出したまま、突如、近江柏原の居城に蟄居した。山名師氏の事件（男山攻撃の恩賞を求めて、政所執事の道誉の邸宅を足しげく尋ねたが、そのつど面会を拒否されたため、確執が生じていた）が原因であったか、饗庭氏直の讒言を怒ってか、その原因は判然としないが、道誉の蟄居は、京中騒動という事態を生みだした。義詮は急ぎ粟飯原清胤、三宝院賢俊を派遣したが、対面しなかったという。道誉が幕営で隠然たる勢力を持ちはじめたことを示す事柄であろう。

一三五四年（文和三＝正平九）六月、北朝は、本拠地である近江柏原荘をはじめ、全国各地に散在していた道誉の所領を安堵した。翌年五月には、義詮によって上総の守護職にも補任されている（「佐々木文書」）。

一三五六年（延文元＝正平十一）八月、道誉は義詮から与えられた京都四条京極の地を金蓮寺に寄進し、敵味方をとわず元弘の乱以来戦死した人々の供養をおこなった（「金蓮寺文書」）。金蓮寺は、時宗の四条道場である。芸能者としての時宗僧との深いつながりを示唆するものであろう。『太平記』の成立と時宗僧とのかかわりを考慮にいれるならば、金蓮寺への所領寄進は、『太平記』における道誉像を検討するさいの、注目すべきことがらである。

一三五九年（延文四＝正平十四）六月、義詮は、道誉に近江多賀荘の地頭職を与え、八月には、飛驒の守護職を与えた。この年十二月、義詮は、南朝方を攻撃するために、畠山国清・細川清氏・仁木義長を派遣したが、戦闘が幕府側に有利に展開するにつれて、武将間の対立が目立ちはじめた。一三六〇年（延文五＝正平十五）七月、この事態の原因を究明するために、道誉は使者として河内に下向している（『愚管記』延文五年七月十三日条）。

一三六一年（康安元＝正平一六）九月、かねてから道誉と対立状況にあった細川清氏が若狭へ逃走するという事件が発生した。道誉と清氏とが対立した原因の一つを『太平記』（巻三六）はつぎのように記している。

今度七夕ノ夜ハ、新将軍、相模守ガ館ヘヲハシテ、七百番ノ歌合ヲシテ可遊也ト兼テ被仰ケレバ、相模守誠ニ興ジ思テ、様々ノ珍膳ヲ認、歌読共数十人誘引シテ、已ニ案内ヲ申ケル処ニ、道誉又我宿所ニ七所ヲ粧テ、七番菜ヲ調ヘ、七百種ノ課物ヲ積ミ、七十服ノ本非ノ茶ヲ可呑由ヲ申テ宰相中将殿ヲ招請シ奉ケル間、歌合はヨシヤ後日ニテモアリナン、七所ノ飾ハ珍キ遊ナルベシトテ、兼日ノ約束ヲ引違、道誉ガ方ヘヲハシケレバ相模守ガ用意徒ニ成テ、数奇ノ人モ空ク帰ニケリ。

将軍義詮の招請にさいし、七夕の趣向勝負にかけた道誉の方法は、豪快であり、まさに、バサラの心意気であったといえよう。勝負はすでに明らかである。南朝方に走った細川清氏が楠木正儀とともに、激しく京都へ攻めあがって来たのは、この年の十二月のことであった（『後愚昧記』康安元年十二月八日の条）。この合戦の最中、道誉の名を一段と高める風情ある出来事があった。『太平記』（巻三七）はつぎのように記している。

同日ノ晩景ニ南方ノ官軍都ニ打入テ、将軍ノ御屋形ヲ焼払フ。思ノ外ニ洛中ニテ合戦ナカリケレバ、落ル勢モ入勢モ共ニ狼藉ヲセズ、京白川ハ中々ニ此間ヨリモ閑ナリ。爰ニ佐渡判官入道道誉都を落ケル時、「我宿所ヘハ定テサモトアル大将ヲ入替シズラン」トテ、尋常ニ取シタタメテ、六間ノ会所ニハ大文ノ畳ヲ敷雙ベ、本尊、脇絵、花瓶・香爐・鑵子、盆ニ至マデ、一様ニ皆置調ヘテ、書院ニハ羲之ガ草書ノ偈、韓愈ガ文集、眠蔵ニハ、沈ノ枕ニ鈍子ノ宿直物ヲ取副テ置ク。十二間ノ遠侍ニハ、鳥・兎・雉・白鳥、三竿ニ懸雙ベ、三石入許ナル大筒ニ酒ヲ湛ヘ、遁世者二人留置テ「誰ニテモ此宿所ヘ来ラン人ニ、一献ヲ進メヨ」ト、巨細ヲ申置ニケリ。楠一番ニ打入タリケルニ、遁世者二人出向テ、「定テ此弊屋ヘ御入ゾ候ハンズラン。一献ヲ進メ申セト、道誉禅門申置レテ候」ト色代シテゾ出迎ケル。道誉ハ相模守ノ当敵ナレバ、此宿所ヲバ定テ毀焼ベシト憤ラレケレ共、楠此情ヲ感ジテ、其儀ヲ止シカバ、泉水ノ木一本ヲモ不損、客殿ノ畳一帖ヲモ不失、剰遠侍ノ酒肴以前ノヨリモ結構シ、眠蔵ニハ、秘蔵ノ鎧ニ白太刀一振置テ、郎党二人止置テ、道誉ニ挍替シテ、又都ヲゾ落タリケル。道誉ガ今度ノ振舞、ナサケ深ク風情有ト、感ゼヌ人モ無リケリ。例ノ古博奕ニ出シヌカレテ、幾程ナクテ、楠太刀ト鎧ヲ取ラレタリト、笑フ族モ多カリケリ。

道誉の都落ちのさいの演出はみごとである。道誉の風流の心意気を示す逸話である。秦恒平氏は、この逸話を、『太平記』の創作かもしれないとのべている。道誉と正儀のやりとりを確認できる記録がないので、秦氏の所説のとおり、『太平記』作者の創作かもしれないが、当時流行していた茶寄合と風流の様態を背景にして考察すると、創作とばかりは、いい切れないのではなかろうか。

一三六三年（貞治二＝正平八）から翌年にかけて、道誉は摂津多田院の経営に専念し、殺生禁断の制札を掲げている（「多田院文書」）。

一三六七年（貞治六＝正平二十二）五月、義詮は、道誉に戦乱で中絶していた杵築大社三月会の頭役再興を命じた（「千家文書」）。五月二十九日、道誉は関東に下向した。義詮の命令をうけて鎌倉府におもむき、先月死去した基氏の子金王丸に関東管領職をつがせるという重要な役目を果たすためだった（『後愚昧記』貞治六年五月三日条）。幕府宿老としての最後の仕事であった。

一三七三年（応安六＝文中二）二月、道誉は甲良荘内尼子郷をみまに譲ることを高秀に伝え（「佐々木文書」）、三月には、清滝寺と西念寺の寺務制法を定めた（「徳源院文書」）。同年八月二十五日、甲良荘勝楽寺において生涯を閉じたのである。

おわりに――文芸とのかかわり

「身ニハ錦繡ヲ纏ヒ、食ニハ八珍ヲ盡セリ」といわれた在京の守護大名たちは「衆ヲ結デ茶ノ会ヲ始メ、日々寄合活計」をつくしたが、その先頭に立っていたのは佐々木道誉である（『太平記』巻三三）。かれらは、酒宴の伽をする時衆の僧をひきつれて寄合に出席し、本（栂尾茶）非（宇治茶など）を判断する闘茶をおこなった（『祇園執行日記』康永二年九月十五日条）。その場には、贄をつくした懸物が山とつまれ、その経費は、数千万貫におよんだという。これは、まさに、建武式目第二条において厳制されている群飲佚遊そのものであった。

茶寄合とともに、連歌合も禁止されていたが、連歌はこの時代、多くの人々によって、もっとも好まれた遊芸の一つであり「京鎌倉ヲコキマゼテ、一座ソロハヌエセ連歌、在々所々ノ歌連歌、点者ニナラヌ人ゾナキ、譜第非成ノ差別ナク、自由狼藉ノ世界也、犬田楽ハ関東ノホロブル物ト云ナカラ田楽ハナヲハヤルナリ、茶番十炷ノ寄合モ、鎌倉釣ニ有鹿ド、都ハイトド倍増ス」といわれるほどであった（『二条河原落書』）。在々所々の茶寄合と連歌会は、「群飲佚遊の禁」をはねのけて盛んに開催された。それは、民衆文芸を創造する基盤であった。内乱期に成立する連歌十徳の思想は、連歌の効用を称揚し、その第十の徳として、身分の高下を論ずることなく、一同に会席して、各自の才能を開花させることができるとしている。連歌会における平等性の保証は、厳格な身分制社会のなかにあっては、きわめて稀有なことであった。堂上貴族と一緒に、地下の連歌師の活躍する場が生まれたのである。関白二条良基の押小路邸には、救済《ぐさい》らの連歌師、遁世者が絶えず集まって連歌会を開き、バサラ大名道誉の京極邸にも地下の連歌師が出入りしていた。やがて、良基、救済の企画力と道誉の政治的実行力とが『菟玖波集』を完成させることとなる。一三五七年（延文二＝正平十二）閏七月後光厳天皇は、この句集を准勅撰とするという綸旨を下した（『園太暦』）。「追申武家奏聞之間、其沙汰候」との文言は、綸旨発給にあたって、道誉の執奏が大きな意味を持っていたことを示している。句集には、道誉の作品八一句が入っているが（撰者良基は八七句）、道誉風ともいうべき連歌が、世上を風靡したといわれるのは、このころのことであろうか（『十問最秘抄』）。伝統を墨守する洞院公賢をはじめとする公家貴族らの慨嘆と困惑をこえて、連歌が和歌と同等の文芸性を持つにいたったのである。

十四世紀末から十五世紀にかけての中世芸能のうち、もっとも注目されるのは能楽であるが、発生期の能について、公家たちは「乞食の所行」としか認識していなかった（『後愚昧記』永和四年六月七日の条）。しかるに、道誉は、早くから、田楽能の祖といわれる一忠と道阿の芸に関心を持ち、世阿弥に、一忠らの芸のすぐれた由縁を語り聞かせていたという（『申楽談儀』）。林屋辰三郎氏は、道誉がその根拠地から考えても、近江猿楽に詳しかったにちがいないと指摘している。

能楽や連歌会、茶会など、世阿弥や良基、さらには救済などとの関係からして、道誉は、内乱期社会に展開した諸文芸と深くかかわっていたといえる。しかも、これらの諸文芸は、いまだ成立発展の途上にあって、既成の水準からみれば、あまりにも混沌としたものであり、カオスの状態であったといえよう。伝統的見地からは、すこぶる物狂というべきであり、旧体制維持者からは、憤慨されるべき対象であった。さまざまな批判をはねのけて、まさに噴出しようとした新しい諸文芸の生命を正当に評価しえた人物として、道誉をとらえるべきではなかろうか。

道誉が、立花や茶道、さらには香道などの諸芸能をみごとに集約し豪快に演出したのが、一三六六年（貞治五＝正平二十一）三月の大原野の花見である（『太平記』巻三九）。かれは、勝持寺の本堂の庭にあった桜の大木四本の下に一丈ほどの真鍮で作った花瓶を造り立て、二抱えもある香炉を並べ、一斤もの名香を一度に炷《た》き上げたのである。このため「香風四方ニ散ジテ、人皆浮香世界ノ中ニ在ガ如シ」という状況になった。花の下の遊宴に、道誉は、京都中の連歌師、田楽・猿楽の達人、遁世者、白拍子などの遊芸者を呼び集め、斯波高経が計画していた将軍邸における連歌会を圧倒し去ったという。大原野の遊宴は多くの文学者や歴史家に注目された事件であった。山崎正和氏は「道誉は乱世の波に乗った新興の武将であったが、こういう「ばさら」の振舞はたんに経済力だけでできることではない。少なくとも、かれには演出家の才能と美術鑑定の感覚があり、美的な示威が政治的な力として働くことを見抜く知恵がそなわっていた。そして面白いことにその挑戦を受けた側も、それに脅威を覚えるだけの共通の美的な趣味をわけ持っていたのである」と指摘している（『室町記』一九七六年、朝日新聞社）。会田雄次氏は「この時代、これほどの財を散じ、これほどの趣向をこらし、これほど独創的に演出をやれるというのは尋常の人間ではない。それにこの日は道誉の競争相手の斯波高経が将軍家の御所で催したいわば公式の花見の会の当日である。道誉はそれに対し、非公式の、裏の花見の会をしかけたのだ。その花見客の大半をこちら側に吸引してしまったのである。みごとな道誉の勝利であった。それは単なる遊びの勝敗ではない。名誉と運命と生命をかけた戦いに勝つことでもあった。将軍に対する挑戦でもあった」とのべている（『歴史を変えた決断の瞬間』角川書店　一九八四年）。

前述した道誉と楠木正儀とをめぐる風雅な逸話とともに、この大原野の花見も、管領斯波高経との対決を印象づけるためのフィクションかもしれない。それにしても、花宴は、この時代に考えうるかぎりの豪華絢爛たる寄合でもあった。これしも『太平記』の創作とするならば、虚が実になり、実が虚になりうる歴史的条件をさらに深く検討することが今後の課題となろう。内乱期社会における道誉の卓越した政治的指導力、そして美意識などを、人的・経済的ネットワークの解明をふまえて追求していくことが必要である。南北朝の内乱期は、芸道が政道と切り結ぶことのできた最後の時代であった。

六の章　〝日本国王〟源義満

義満播磨へ

足利義満は、一三五八年（延文三＝正平十三）八月二十二日、伊勢氏の邸宅で生まれた。父は義詮、母は紀良子《きのよしこ》。幼名を春王《しゅんおう》という。

一三六一年（康安元＝正平十六）九月、佐々木道誉と対立していた細川清氏《きようじ》が京都を出奔《しゅっぽん》して領国若狭へと逃れ、のち、石塔頼房の仲介により南朝に身を寄せた。そして、十二月、二条師基を大将とする南軍は、楠木正儀・石塔頼房・細川清氏らにひきいられて京都を攻撃した。このとき、義詮は近江へ、義満はいったん建仁寺《けんにんじ》に避難し、ついで播磨の守護赤松則祐《のりすけ》の手引きで白旗《しらはた》城へと逃れた。

観応の擾乱をのりきったとはいえ、室町幕府の体制が磐石《ばんじゃく》なものではなく、守護たちの動静によって、いつ危機的状況におちいるかもしれないという、きわめて脆弱《ぜいじゃく》なものであったことを、この事件は示している。その守護級大名たちも、また、支配下の国人《こくじん》領主たちに、死命を制せられることもあった。この年の十一月に、関東執事畠山国清が、鎌倉公方足利基氏《もとうじ》に叛して、領国伊豆へ逃れるという事件が発生した。この原因は、一三五九年（延文四＝正平十四）十月の南軍拠点攻撃のさいに、国清が過重な軍役《ぐんえき》を関東の国人領主に賦課したことであり、それに反発した国人衆が帰国ののち、一味《いちみ》神水《しんすい》して国清の罷免を基氏に要求したことである。基氏は国人たちの要求を「下《しも》トシテ上《かみ》ヲ退《しりぞけ》ル嗷訴《ごうそ》、下剋上《げこくじょう》ノ至カナ」と思ったが、「此者ドモニ背《そむか》レナバ、東国ハ一日モ無為《むい》ナルマジ」（『太平記』巻三六）とのべて、国清を追放したといわれている。

管領頼之

一三六六年（貞治五＝正平二十一）から六七年にかけて、室町幕府の政治は新しい局面を迎えていた。一三六六年八月、佐々木道誉ら有力武将は結束して斯波《しば》一門の要職独占に反対の意向を示した。義詮はかれらの要求を容れて、斯波高経《たかつね》・義将《よしまさ》らを追放し、一三六七年（貞治六＝正平二十二）九月、細川頼之《よりゆき》を四国から呼びよせた。十一月、病床にあった義詮は、頼之を枕頭にまねいて、政務を義満に譲ることを告げた。つづいて義満を呼んで三献《さんこん》の儀をおこない、剣一振《ひとふり》を与えた。さらに頼之を管領に任命して、義満の政治を補佐してくれるようにたのみ、義満には、頼之の教えに違うことなく従うようにと諭した。諸大名群れ集まり、これを賀したと、近衛道嗣《みちつぐ》は日記『愚管記』に記している。また、『細川系図』頼之の項には、「義詮指㆓幼君㆒、謂㆓頼之㆒曰、我今為㆑汝与㆓一子㆒。亦指㆓頼之㆒、謂㆓幼君㆒曰、為㆑汝与㆓一父㆒、莫㆑違㆓其教㆒。幼君乃鹿苑院義満也」と記されている。このとき義満はわずか十歳であった。十二月七日、義詮は風邪をこじらせて死去した。こうして、義満・頼之のコンビによる新体制が生み出されたが、しばらくの間は、頼之の手によって幕政が運営されていったことは揚言するまでもないところである。

一三六七年十二月二十九日綱紀《こうき》粛正《しゅくせい》令を発した頼之は、翌年二月には、「諸山入院禁制条々」を発布して、禅宗寺院の規律を粛正しようとした。頼之の方針に対して五山の僧侶の多くが反感をもったが、有力禅院の住持に任命されようとして、禅僧が幕府の要人へ賄賂を贈ることを厳禁したこの法令を、義堂《ぎどう》周信《しゅうしん》は「快なるかな、快なるかな」と高く評価している。

一三六八年（応安元＝正平二十三）六月、いわゆる「応安の半済令《はんぜいれい》」が発布された。半済とは、荘園年貢の半分を武士たちの兵粮米として与えようとするものである。それは、戦時における時限立法的性格の強いものであったが、のち、武士たちの荘園侵略の根拠となっていった。このとき、幕府は、(1)禁裏・仙洞《せんとう》の御料所、寺社一円地《いちえんち》、殿下渡領《でんかのわたりよう》の半済は禁止する、(2)その他の本所領（公家領および地頭職設置の寺社領）は、しばらく下地《したじ》の半済を認める、(3)半済給付をうけている武士が、この法を破って違乱をした場合は半済を取り消す、ことなどを命じた。

この法令の全体的なねらいは、上級貴族・有力寺社などの大荘園領主を幕府の側へと吸収しつつ、中小貴族層を切り捨て、領土拡大の願望をもつ国人領主層の要求に応じようとするものであった。頼之は、この法令の実施を諸国守護に厳命した。

この年の四月、義満は元服し、十二月には、征夷大将軍の宣下《せんげ》をうけたが、政務は依然として頼之が代行した。なお、この年の八月には、南禅寺楼門事件のこじれから、叡山の衆徒らは、春屋妙葩《しゅんおくみょうは》と南禅寺住持定山祖禅《じょうざんそぜん》を遠流にし、南禅寺楼門を破壊せよと朝廷に要求した。北朝は、山門の要求を聴許するようにと幕府へ申し入れたが、頼之はその方針に反対している。叡山の大衆は八月二十九日、日吉の神輿を奉じて入京したが、頼之と土岐氏の軍勢が内裏《だいり》を警固したため、洛中に神輿を振りすてたまま帰山した。

一三六九年（応安二＝正平二十四）正月、頼之は、南軍の将楠木正儀を誘って幕府方へ吸収することに成功した。南朝では、前年の三月に後村上天皇が死去し、長慶天皇が即位するや、その側近を四条隆俊・北畠顕能などの抗戦派でかためた。そのため、北朝・幕府と和平交渉を推進していた正儀の座すべき場がなくなり、幕府へ降伏したのである。

しかし、この事件が引きがねとなって、一三六九年から七一年（応安四＝建徳二）にかけて、南軍と北軍との間には激しい戦闘がつづくこととなった。正儀が幕府の任命によって河内・和泉の守護となるや、南朝の強硬派は正儀攻撃を強め、頼之は、正儀を助けるために、赤松光範・細川頼元らの幕府軍を派遣して交戦をつづけた。一三七一年五月、細川頼元らの幕府軍が河内へ派遣されたが、将士たちは、正儀の無力を理由に淀川を渡らず、進攻の無益を訴えたという。諸将の命令無視を怒った頼之は、遁世《とんせい》と称して西芳寺にはいったが、義満の制止によって、やっとのことで剃髪《ていはつ》を思いとどまったのである。頼之と諸将の離反を示す最初の事件であった。

康暦の政変

義満が、北小路室町の光明院御所跡に建設中の新邸がほぼ完成したのは、一三七八年（永和四＝天授四）のことであり、この年三月、二条良基・西園寺実俊《さねとし》らを招いている。新邸の庭には、鴨川から水をひいて一町余の池が造られ、庭には、それぞれにいわれのある四季の花木が植えられたので、〝花亭《かてい》〟とか〝花の御所〟とか称されている。

この年の六月、義満は、祇園御霊会《ぎおんごりょうえ》を見物した。桟敷には、日ごろからかわいがっていた世阿弥を同席させ、酒杯を授けた。これを目撃した三条公忠《きんただ》は「如此散楽者乞食所行也、而賞翫近仕之条、世似傾奇之由」（『後愚昧記』）と、義満の行為を常軌を逸したものと非難し、義満に迎合した諸大名の行動を興ざめであると記している。公家の目には、世阿弥の芸も乞食の所業としか映じなかったのであろう。世阿弥ほどの能芸者も賤視《せんし》の対象でしかなかったのであろうか。

同年十一月、紀伊では南軍の橋本正督《まさたか》が守護細川業秀《なりひで》の陣営を襲うという事件が発生した。幕府は、摂津守護細川頼元を総大将とし、丹波守護山名氏清、美作守護山名義理《よしまさ》、播磨守護赤松義則らの軍勢を派遣した。幕府の大軍のまえに、南軍はいったん兵をおさめた。しかしながら細川氏の指揮下にあった幕府軍はまったく戦意がなく、南軍の撤収をみると帰京してしまった。橋本正督は、この状況を知るやただちに猛攻に転じ、浮き足だっていた幕府軍に壊滅的な打撃を与えたのである。敗軍の報に怒った義満は、即刻、和泉守護楠木正儀、紀伊守護細川業秀を罷免し、山名氏清を和泉守護に、山名義理を紀伊守護に任命して、十二月十五日には、みずから幕府軍の総大将となって出陣した。

翌年正月から二月にかけて、幕府軍は和泉・紀伊における南軍の拠点を攻撃した。同じころ、大和でも南軍の動きが活発となり、十市・越智・秋山氏ら国人級の武士が蜂起している。幕府は、興福寺の要請をうけて、土岐頼康・斯波義将・吉見氏頼・富樫昌家・一色範光・赤松義則らに出陣を命じた。ところが、二月にはいると出陣中のこれら有力守護のあいだで細川頼之排斥の動きがあらわれはじめ、頼之とのあいだに合戦が始まるのではないかとの噂さえ流れるようになった。義満はかれらに帰京を命じたが、斯波義将、土岐頼康は、この命令に反して領国へ帰ってしまった。幕府は頼康討伐、義将の守護罷免などの措置を講じたが効果がなく、逆に反頼之派の結束を強化させるという結果となってしまったのである。

一三七九年（康暦元＝天授五）閏四月十四日、反頼之派の有力守護たちは、花の御所を包囲して頼之罷免を義満にせまった。斯波義将も細川排撃をとなえて入京した。義満はかれらの要求を容れて頼之を解任し、二階堂行照《ゆきてる》・松田貞秀を使者として、京都を退出するようにと伝えた。頼之は「海南行」と題する一篇の詩を詠《よ》み、同日の夕刻自宅に火をかけ、頼元・氏春《うじはる》ら一族三百余騎をひきいて西宮から船にのり、四国へとくだった。七言絶句の「海南行」に「満室の蒼蠅《そうよう》掃えども尽し難し、去りて禅榻《ぜんとう》を尋ね清風に臥す」とある。蒼蠅のような政敵から逃れ、清風の吹く領国四国への旅立ちであった。

同月十五日、頼之と対立していた春屋妙葩が隠棲地の丹波から帰り、二十三日には、南禅寺住持となり、のち、僧録《そうろく》に任命された。二十八日には、斯波義将が管領に再任されている。二十九日、近衛道嗣は、春屋のもとに上洛と南禅寺住持就任を賀するために使者を派遣した。この日、春屋のまわりには祝賀のために「僧俗群集」していたと『愚管記』には記されている。斯波義将のクーデターは、妙葩と結ぶことによって成功したのである。

この事件の原因について、三条公忠は「佐々木大膳大夫高秀幷《ならびに》土岐伊予入道等以下一揆衆所行也、大樹《だいじゅ》（義満）同意之由、或称レ之。或又大名等囲二大樹宅一、強而《しいて》令レ追二討頼之朝臣一之由称レ之。両様説不二決之一。但多分説大樹沙汰之趣也」と記している（『後愚昧記』）。まさしく、それは、頼之の羈絆《きはん》から脱した義満政治の開幕を告げる事件であったといえよう。

諸国遊覧

一三八〇年（康暦二＝天授六）従《じゅ》一位となった義満は、翌年三月十一日、竣工した花の御所へ後円融天皇を迎えた。関白二条師嗣《もろつぐ》以下の廷臣が扈従《こじゅう》し、蹴鞠《けまり》・舟遊・詩歌管弦などが十七日未明にいたるまでつづけられた。六月二十六日、義満は内大臣となり、武家様花押とともに公家様の花押を併用するようになった。一三八三年（永徳三＝弘和三）義満は、源氏の長者、奨学《しょうがく》・淳和《じゅんな》二院の別当となり、さらに准三后《じゅさんごう》の栄位を授けられた。夫人を日野家から迎えた義満は、日野一族と結び宮廷内にも勢力を伸張させせつつあった。そして、一三八五年（至徳二＝元中二）から一三八九年（康応元＝元中六）にいたる、義満の諸国遊覧が展開されるのである。

一三八五年八月、東大寺・興福寺へ参詣して、南都大衆の懐柔と残存する南軍への圧迫をおこなった義満は、翌年十月、丹後の天橋立へ旅行し、守護山名満幸の動静をさぐった。一三八八年（嘉慶二＝元中五）九月、守護今川氏の館に滞在しての富士遊覧は、鎌倉公方足利氏満への無言の牽制であった。

そして、一三八九年（康応元＝元中六）三月、瀬戸内海および九州地方の諸勢力に対する大デモンストレーションとして、安芸厳島への参詣がおこなわれた。三月四日に出発した義満の一行は、百余艘の大船団をくんで船出し、六日には、讃岐宇多津に到着した。この地には、細川頼之が義満の来訪を待ちかまえていた。同行した今川了俊は「かの入道、こころをつくしつつ、手のまひ、足のふみ所をしらず、まとひありくさま、げにもことわりと見ゆ。いかめしき御まうけとは見ゆめれども、志の程にはなほ及び侍《はべ》らぬとやおもひけむ、ありかたかりき」と頼之の歓待の様子を描いている（『鹿苑院殿厳島詣記』）。

十日に厳島に着き、翌日参詣。さらに一行は十二日に周防下松《すおうくだまつ》を訪れて大内氏の歓迎を受けた。九州へは暴風雨のため渡ることができずに引き返し、二十二日、ふたたび、宇多津に着船し、翌日、義満は頼之と長時間にわたる密談をおこなっている。幕府政治の方向性をめぐる意見の交換であった。厳島遊覧は、瀬戸内海の海賊衆の掌握でもあり、制海権を手中に収めることは、海外交渉を幕府の主導のもとに展開する前提条件でもあった。制海権の掌握に成功した義満は、帰京後ただちに有力守護勢力の削減のための方策を開始したのである。

明徳の乱

義満による有力守護勢力の削減策の最初の犠牲者は、美濃・尾張・伊勢三ヵ国の守護土岐氏であった。一三八七年（嘉慶元＝元中四）十二月、土岐頼康が死去したのち、土岐家では家督をめぐる争いがつづいていたが、義満は、養子康行と満貞との対立に介入した。このため、一三八九年（康応元＝元中六）四月から一三九〇年（明徳元＝元中七）閏三月まで、美濃・尾張両国は大混乱におちいったのである。義満は、この争乱を理由として、伊勢の守護職を土岐氏から取りあげ、仁木満長へ与え、土岐氏の勢力削減に成功した。

義満はついで、山陰地方を中心に和泉・紀伊など十一ヵ国の守護職を持ち、六分一殿《ろくぶんのいちどの》といわれた山名氏を削減の対象とした。一三八九年五月、山名時義が死去すると、惣領職をめぐる一族内での争いがおき、これに義満が介入したのである。まず、一三九〇年三月、義満は、時熙・氏幸兄弟が幕府の命令に従わないとの理由で、氏清・満幸にその討伐を命じた。時熙らが降伏すると、かれらの領国のうち、但馬を氏清に、伯耆・隠岐を満幸に与えた。そののち、義満は、満幸が院領出雲国横田荘を押領したという理由で、満幸を京都から追放し、さきに討伐の対象とした時熙・氏幸の罪を許したのである。

義満の挑発に対し、満幸がまず反抗のかまえを示した。満幸は、京都から丹波へと向かうべきところを、和泉の氏清のもとに馳せ越えて「抑《そもそも》、京都ノ式何トカ思食《おぼしめ》サレ候。只事ニフレテ諸事一家ヲ亡サルベキ御結構也」とのべ、「時ノ儀ニ随テ御旗ヲモ上《あげ》ラレム事、何ノ子細カ侍ルベキ」と蜂起を説き、氏清に同意させたのである（『明徳記』）。

満幸はさらに、紀伊の守護山名義理をも味方に加え、丹波から満幸が、和泉から氏清が、紀伊からは義理が、分国の兵をひきいて上洛し、幕府を攻撃することとして、一三九一年（明徳二＝元中八）十二月二十七日を合戦の日と定めたのである。

しかし、これらの動きは、幕府によって正確に把握されていた。十二月二十五日夜、義満は細川頼之・頼元、大内義弘、赤松義則らを集めて評定をひらき、二十六日には、三千余騎の馬廻衆《うままわりしゅう》＝直轄軍団をひきいて中御門堀川にある一色詮範の邸にのぞんで、諸将の配陣を定めた。二十七日には、管領細川頼元から、大山崎離宮八幡の神人《じにん》らに、近郷の者と協力して山名軍の上洛路を塞ぐようにとの命令が出されている。勝負はこの時点において、すでに決していたというべきであろう。

合戦は、三十日払暁《ふつぎょう》から京都の北西内野《うちの》を中心に展開した。満幸軍は細川・畠山の、氏清軍は赤松・一色の、義理軍は大内の軍勢におわれて、京都から退出した。合戦は熾烈《しれつ》をきわめ、洛中のみならず、梅津・桂のあたりまで死骸で埋まったといわれている。翌年正月四日、論功行賞がおこなわれ、細川頼元が丹波の、大内義弘が和泉・紀伊の守護に任命されるなどして、山名氏の分国は、この戦闘で功績のあった武将に配分されてしまった。明徳の乱は、大守護山名氏の凋落をもたらしたが、それにもまして、公武両勢力のまえに、将軍義満の姿をより大きく浮かびあがらせることとなったのである。

南北朝合一

有力守護の勢力を削減することによって、幕府内における将軍権力をいちだんと強化した義満にとって、つぎの課題は、南北朝合一の名目のもとに、南朝政権を完全に解体することであった。すでに、北朝政権は、その経済的基盤である荘園および、最後の拠点であった京都市政権をも幕府に簒奪されており、義満の傀儡政権そのものであった。

幕府と南朝との交渉は、明徳の乱の行賞によって紀伊・和泉の守護職を獲得した大内義弘を仲介として進められた。幕府側は吉田兼熙《かねひろ》、南朝方からは吉田宗房《むねふさ》、阿野実為《さねため》が使節となって折衝を重ねた。その結果つくりだされた南北合体の条件は、「三種の神器帰座あるべきの上は、御譲国の儀たるべきの旨、その意を得候う。自今以後、南朝御流相い代々御譲位、治定せしめ候いおわんぬ。なかんずく、諸国国衙、悉く皆御計たるべく候う。長講堂領においては、諸国分一円に持明院殿御進止たるべく候」（『近衛家文書』）というものであった。

一三九二年（明徳三＝元中九）十月二十八日、後亀山天皇は吉野を出発し、閏十月二日に嵯峨大覚寺に入った。この寺は、かつて、後宇多上皇が仙洞御所と定めたところである。そして、御譲国《ごじょうこく》の儀式のないまま、神器だけが同月五日に後小松天皇のもとに運ばれた。譲国の儀式をもって、後小松天皇に三種の神器を渡すという合体の第一条件は、こうして破られたのである。南朝＝大覚寺統と北朝＝持明院統が交互に即位するという第二条も、一四一二年（応永十八）、後小松天皇の皇子躬仁《みひと》親王が皇太子となったことで反古《ほご》にされた。諸国の国衙領は大覚寺統が管理し、長講堂領は持明院統が進止するという第三条は、南北朝内乱の過程において、諸国国衙領や荘園が各地の武家勢力によって蚕食《さんしょく》されつくしていたのであるから、最初から無意味なものであった。

南北朝合一は、形式上は南北両朝の和議であったが、実質的には幕府の圧倒的な力のまえに、南朝政権が屈服したものであった。それはまさに「南軍おとろへたよりなきままに、義弘申すにまかせ御和睦の儀をととのへ給ふ」（『南方紀伝』）という状況であったといえよう。

一三九三年（明徳四）十一月、幕府の財政的基礎をかためるために、土倉・酒屋への課税を定めた法令を発した義満は、翌応永元年十二月十七日、将軍職を辞し、子息義持《よしもち》に譲任した。この日、義持は元服し、従五位下に補任されたが、義満はこの叙爵《じょしゃく》を不満とし、激怒した。そのために、公卿僉議《せんぎ》が再度おこなわれ、義持は正五位下に叙せられ昇殿を許されたという。十二月二十五日、義満は太政大臣に任ぜられた。公家の極官である。諸大名のみならず公家たちも嘉儀《かぎ》を献じたという。このありさまを『春夜の夢』は、「吾朝の皇統は武将になりぬとて、毎日将軍家へ出仕して、くだりへつらふることかぎりなし、今度、将軍家の相国に任じ給ふこと、京童部《きょうわらわべ》は公家の王なりといひ」と記している。

一三九五年（応永二）六月二十日、義満が出家した。道号を天山《てんざん》、法名を道有《どうゆう》（のち道義と改める）という。すると、藤原季顕・中山親雅などの公家、斯波義種・今川仲秋などの武将がつづいて出家している。義満のこの行為について、佐藤進一氏は「出家によって世俗の軌範を脱することができるという当時の通念を用いて、公家・武家の差別観はもとより、公家社会においてもっとも根強い身分序列をも超越した地位に自分を置くことを目ざしていたに相違なく、すでに彼の政治日程に入りかけている対明外交をも考慮に入れてのことであったかもしれない」（『足利義満』）と指摘している。首肯しうる見解である。

応永の乱

一三九五年（応永二）八月、今川了俊は九州探題を突然解任された。周防・長門・豊前・石見・和泉・紀伊の守護であった大内義弘は、了俊と大友親世《ちかよ》に対し「今御所の御沙汰の様見及び申すごとくば、よはきものは罪少なけれども御不審をかうぶり面目失ふべく、つよきものは上意に背くと雖も、さしおかれ申すべき条、みな人の知る処也、貴方も御忠と云ひ、御身と云ひ、御心易くおぼしめすとも、御自力弱き事あらば、則《すなわ》ち御面目なき事も出来べきか」（『難太平記』）と義満の政治姿勢を批判し、合力して幕府に反抗しようと誘っている。このころ、権謀術数によって有力守護を排除していく義満に、批判的な勢力が形成されつつあったのであろう。幕府の情報網は、大内義弘と今川了俊との連携を察知し、了俊の探題職を解任したのではなかろうか。

義満が西園寺家の山荘を譲りうけ、荘厳浄土の出現をめざして、いわゆる北山第《きたやまてい》（金閣）の造営に着手したのは、一三九七年（応永四）のことであった。四月に北山第の立柱上棟の式があり、諸大名が土木の役に従ったが、大内義弘は「吾士は弓矢を以て業となすのみ。土木に役すべからず」と労役を拒んだという。相国寺の僧瑞渓周鳳《ずいけいしゅうほう》は、その日記に「此即義弘探逆㆓鈞旨㆒之濫觴也」（『臥雲日件録』）と記している。

しかし、これらの事件は、義満と義弘との対立を決定的なものとする要因ではなかったろう。大内氏が弘世のころからおこなっていた対朝鮮、対中国との貿易による利益が、義弘のときにいちだんと大きくなったことにこそ両者の対立の要因があり、海外交渉権をめぐる争いこそが、大内義弘の乱の真の原因であろう。義弘は明徳の乱の功績によって紀伊・和泉の守護となり、要港堺を獲得したが、このことは、海外貿易によって得た品々を畿内へ直接運びこむことを可能にし、莫大な利益を大内氏にもたらすこととなった。六ヵ国の守護職の入手と海外貿易の展開が、大内氏の経済力を強大化させた。日本国王の道を歩みはじめた義満にとって、大内氏の存在は許しがたいものになりつつあったのである。

義満のさまざまな挑発をうけて、義弘がついに挙兵したのは、一三九九年（応永六）十月のことであった。義弘は、九州・中国の兵をひきいて、周防から海路和泉の堺へと到着した。義満は、絶海中津を使者として再三にわたって上洛を命じたが、義弘は「可レ奉レ諫二政道一由、与二関東一同心申ス有二子細一、今随レ仰上洛仕ナバ、関東ノ契諾可二相違一」（『応永記』）とのべて、その命令を拒絶した。義弘は、鎌倉公方足利満兼との約束を重視したのである。

満兼は「天命を奉りて、暴乱を討ち、まさに国を鎮め民を安んぜんとす。最前に馳参して忠節いたさば、抽賞すべきの状くだんのごとし」（『寺門事条々聞書』）との御教書を発し、義弘はこれに添書して各地の反義満派に檄を飛ばした。今川了俊は、満兼の挙兵を「天下万民のための御叛謀」（『難太平記』）ととらえている。大内義弘は、足利満兼、今川了俊のみならず、美濃の土岐詮直、丹波の山名満氏らと連携を保ちつつ、挙兵にふみきったのである。

絶海からの報告をうけた義満は、義弘討伐軍を編成した。十月二十八日、先陣として細川満元・京極高詮・赤松義則らが六千余騎をひきいて山崎から和泉へ発向した。ついで、十一月八日、馬廻衆二千余騎をひきいて、義満は東寺に陣を構えた。従う武将は、畠山基国・満家、斯波義将・義重以下三万余騎であった。この日、義満は、

　立願事

　　東寺八幡宮

右所願者、凶徒急速令対治者、神領一所、可奉寄付之状、如件。

応永六年十一月八日
沙門道義白敬
（花押）

という自筆の願文《がんもん》を東寺八幡宮へささげている。十一月十四日、義満は陣を男山《おとこやま》八幡に移し、畠山勢ら三万余騎の出発を見送った。堺の合戦は十一月二十九日からはじまり、十二月二十一日までつづいた。

この間、関東にあっては、鎌倉公方満兼が京都へ御加勢のためと称して、十一月二十一日に武蔵府中の高安寺に入り、ついで下野足利荘へと兵を進めたが、十二月二十一日に義弘が戦死したことを知って兵を引き、翌年三月に鎌倉へと帰った。

日本国王

義満は、一三九九年（応永六）ごろから、完成した北山第に移り住みはじめた。そのため「公家、武家門前に市をなす、繁栄いふかぎりなし。天《あめ》が下の奇物をあつめらるるに、古代の書図、器ものの品々数を尽して、国々より取り集る。ものとして御心にかなはずといふことなし」（『春夜の夢』）というありさまとなった。一四〇一年（応永八）、沙汰始めをおこない、ここを正式に政庁とした。政務については将軍義持にまかせたとはいえ、世人は「天が下の事大となく小となく、みな北山殿の御沙汰にもるる事なし」(『春夜の夢』)と噂しあったという。

　この年の五月、義満は、九州の商人肥富《こいつみ》と僧祖阿《そあ》とを使者として明に派遣した。使者のたずさえた国書には「日本准三后道義、上書大明皇帝陛下」(『康富記』)と書き出されている。東坊城《ひがしぼうじょう》秀長が草案をつくり、世尊寺行俊が清書したものである。義満は、金一〇〇〇両、馬一〇疋《ぴき》、鎧《よろい》一領、筒丸《どうまる》一両、剣一〇腰、刀一柄、扇一〇〇本、薄様《うすよう》一〇〇〇帳、屛風《びょうぶ》三双、硯筥《すずりばこ》、文台一を贈り、明からの漂流民若干人を送還した。これに対して翌年八月、返礼として、明から使僧天倫道彝《てんりんどうい》と一庵一如《いちあんいちによ》が来朝し、九月五日に北山第に到着した。明使の奉じた国書には「茲爾日本国王源道義、心を王室に存じ愛君の誠を懐き、波濤を踰越し遣使来朝す。浦流《ほりゅう》の人を帰し、宝刀、駿馬、甲冑、紙硯を貢し、そうるに良金を以てす。朕はなはだこれを嘉す」(『福照院関白記』)とあり、使者は大統暦《だいとうれき》をもたらしたのである。日本国王源道義とは義満のことである。明の王朝では「浦流の人」の返還、すなわち倭寇によって捕えられた人々の送還をきわめて重視していたのである。倭寇を禁圧することが貿易交渉を軌道にのせる重要な条件であった。

　一四〇三年(応永十)二月、明使を送って再度の遣明使が出発した。「日本国王臣源表、臣聞」にはじまる国書を作ったのは絶海中津である。これに対し成祖永楽帝は、義満の賀表を嘉《か》とし、国書とともに冠服と金印を贈り、勘合《かんごう》百道《どう》を与えた。こうして、明との間に正式な外交関係がむすばれたのである。西国有力守護の貿易を制限し、倭冦を禁圧した義満は、貿易の利益を独占し、明からもたらされる莫大な銅銭を獲得した。一四〇七年（応永十四）には、花銀一千両、銅銭一万五千貫、錦十四、紵糸《ちょし》五十四、羅《ら》三十四、紗《しゃ》二十四、綵絹《さいけん》三百匹が永楽帝から贈られている（『成祖勅書』）。この年の遣明船がもたらした利益は、二十万貫にのぼったといわれている。佐藤進一氏は、義満による国内通貨発行権の独占であると指摘している。かくして義満は、軍事・外交権を完全に掌握したのである。

一四〇五年（応永十二）四月、後円融天皇の十三回忌が禁中清涼殿でおこなわれたが、義満の前には法皇出座のさいにもちいる三衣筥《さんえばこ》がおかれていた。義満は太上法皇としての待遇をうけはじめたのである。翌年十二月、後小松天皇の生母通陽門院が死去すると、一代両度の諒闇《りょうあん》は不吉であるとの理由で、義満は妻室日野康子《やすこ》を天皇の准母《じゅんぼ》とするように関白経嗣《つねつぐ》にはたらきかけ、一四〇七年（応永十四）三月には、准后《じゅごう》康子に院号が宣下された。北山院という。

一四〇八年（応永十五）三月八日、義満は北山第に後小松天皇をむかえた。後小松天皇は、左大将公俊、西園寺実永《さねなが》、三条公宣《きんのぶ》、洞院実信《さねのぶ》、日野資藤《すけふじ》ら、染装束を着した供奉の廷臣をひきいて北山第にむかい、義満は法服を着して義嗣をともない、四脚門《よつあしもん》に出て奉迎した（『北山殿行幸記』）。侍所一色満範をはじめ京極高数《たかかず》ら数百人の武士たちが辻々を固めて警衛にあたった（『京極家譜』）。以後、天皇は二十八日にいたるまで滞在し、破籠《わりご》の風流、道阿弥の舞い、白拍子の舞いをみ、御鞠の儀、和歌の会、連歌の会がおこなわれ、詩歌管弦と酒宴に一同は夜のふけるのを忘れたのである。この間、永徳の例にならって義嗣は天杯を賜った。義満は、法服を着して出座し、三衣筥の役は花頂《かちょう》僧正定法寺定助が勤任した（『教言卿記』）。

臼井信義氏によれば、後小松天皇の北山第行幸は、天皇が上皇を訪問する朝覲《ちょうきん》の行幸の儀に擬されたものという。三月十一日の連歌会において、後小松天皇は「山水の長閑《のどか》にすめる汀《みぎわ》かな」と詠じ、義満は、脇句を「風もおさまるよろつ代の春」とつづけた。得意の絶頂であった。しかるに、わずか二ヵ月後の五月六日、遺言の隙《ひま》もなく急逝したのである。享年五十一歳。日本国王への道を歩みつづけた男の生涯であった。

七の章　内乱と情報

一　播磨の悪党――南北朝内乱前史――

はじめに

鎌倉幕府法を通覧すると、十三世紀の中期以降、「諸国悪党の蜂起」とそれへの対応が幕府にとって重大な関心事となりつつあったことがわかる。文永・弘安の段階にいたれば、モンゴル襲来（対外問題）と悪党蜂起（対内問題）とがすでに深刻な社会問題となっていた。ところで、十四世紀の中ごろに成立したといわれる播磨の地誌『峯相記』には、「諸国同事ト乍申、当国ハ殊ニ悪党蜂起ノ聞ヘ候、何ノ比ヨリ張行候ケルヤラム」という有名な問答が記されている。この事は、播磨が悪党事件の特別に多い地域として当時の人々に認識されていたことを示すものといえよう。

播磨の悪党は、「正安・乾元」のころから「目ニ余リ耳ニ満テ聞ヘ候」という状況になったといわ

表Ⅰ　播磨における代表的悪党事件

年　　代	場　　所	事　件　の　内　容
永仁２年(1294)	大部荘	垂水繁昌らの悪党数百人乱入。
応長２年(1312)	福井荘	湯浅ら荘家に乱入、放火。
正和３年(1314)	矢野荘	寺田法念ら強盗、放火。
正和４年(1315)	矢野荘	寺田法念らの悪党数百人乱入。
文保３年(1319)	播磨全域	六波羅派遣の使節、悪党の城郭・在所を焼く。
元亨２年(1322)	大部荘	祐真らの悪党刈田狼藉。
元亨年中	福　泊	律明房・照円らの悪党関務を濫妨。
元亨年中	矢野荘	東寺使者・農民ら寺田悪党と合戦。
建武元年(1334)	矢野荘	東寺使者・農民ら寺田悪党と合戦。

れているが、その実態はどのようなものであったろうか（表Ⅰ参照）。『峯相記』に導かれつつ、大部荘・矢野荘などの悪党事件について検討を加えてみよう。

悪党行動の諸相

東大寺領大部荘（現・兵庫県小野市）には、鎌倉末南北朝期にたびたびにわたって悪党が乱入した。そのなかでも、永仁年間における先雑掌垂水繁昌の事件は著名なものである。

一二九四年（永仁二）十月二十八日、東大寺の使者（神人）四人が大部荘の荘家へ到着した。使者は、雑掌繁昌が年貢米三百石を横領したことを明らかにし、繁昌の雑掌職解任を通告するためであった。翌日、繁昌は数百人の悪党をひきいて大部荘へ乱入した。大部荘の雑掌のみならず、志染荘の雑掌をもつとめる在地の有力者繁昌の悪党行動は言語に絶するものであったが、それは、雑掌職解任の復讐であったともいうべきであろうか。甲冑を着し、弓箭を帯したかれらは、数千の駄夫を相従えて荘内に入り、まず納所の年貢米を運び出し、ついで百姓の牛馬を奪い取り、荘官らの住宅に乱入して狼藉の限りをつくしたという（東大寺文書三―三）。十一月三日にも、悪党らは大部荘へ姿を現わし、百姓の住屋を兵士によって打ち囲み、銭貨資財をはじめとして、米や籾、刈り取ったばかりの稲までも運び去り、そのうえ百姓の妻子を人質として搦め取ったのである。

先雑掌繁昌らの悪党乱入に対して、農民たちは、どのように対応したのであろうか。かれらは、東大寺から下向して繁昌に雑掌職解任を伝えた使者（神人）に、乱暴停止の実行を期待した。しかし、年貢米を奪い取り、荘内を暴れまわる武装集団を前に、神人たちはなす術を持たなかった。そのありさまを百姓たちは「繁昌追捕民屋、奪取年貢之時者、如雉逢鷹不言一口之子細、還成追従之詞求賄賂、凡為大仏八幡神人公人者、縦雖逢何災難、問答子細、喧嘩出来者、走上令言上事之由、歎申御沙汰之処、遂無其儀、四人之御使等垂目延面見之了」（東大寺文書、筒井寛聖氏所蔵本二）と記している。自分たちを悪党から庇い、混乱した在地の情況を東大寺に連絡してくれるものと期待した神人たちが、雉が鷹に逢ったごとく萎縮してしまったのみならず、悪党に追従して諂い、賄賂にありつかんとしている様子を見た時、かれらの胸中はいかばかりであったろうか。かれらは、神人に「降魔之相」を見たのである。

神人・公人を頼ることができないならば、かれらは、自らの力によって困難な状況を切り抜けていかねばならない。東大寺へ再三にわたって窮状を報告するとともに、搦め取られた妻子の救出に奔走した。かれらは縁をたよって私銭を借用し、巨額の銭貨を積んで人質を請け出した。種子の一粒、牛馬の一匹さえも手元に置くことができなかったかれらは、山林に入って木果を拾って飢えをしのいだという。悪党の難をさけて山林に逃散したのである。かれらが、かかる苦しみに耐えたのは何故であろうか。先祖伝来の土地を離れがたく翌年の耕作にわずかな望みを託していたからである。生産の拠点をあくまでも守り続けようとする農民たちの悲壮なまでの戦いぶりをここにみることができる。

東大寺も在地からの再三にわたる要請に動かされて調査の使者を派遣したが、現状を十分には把握できず、翌年三月には、かえって未納年貢の督促をするありさまであった。飢えに泣き、寒さにふるえながらも先祖の地を捨てなかった農民たちは、この事件を通じて、荘園領主権力（東大寺―神人・公人）の本質を見抜き、在地領主による暴力的支配の何たるかを知った。そしてみずからを守るのは、かれら自身の結束しかないことを知ったのである。

東寺領矢野荘（現・兵庫県相生市）で悪党事件が発生したのは、一三一四年（正和三）九月のことであった。悪党張本寺田法念が、一族・家人・近隣地頭らをひきいて矢野清俊の住宅に討ち入り、強盗・殺害・放火をおこなったのである。更に、翌年十月にも、坂越荘地頭飽間泰継の住屋を宿所として悪党数百人をひきい、矢野荘別名方に討ち入り、政所をはじめとして数十宇の民屋を焼き払い、数百石の年貢米を奪って要害の地に城郭を構えてたて籠もったのである。この連年にわたる事件によって、寺田法念は、「都鄙名誉之悪党」（『東寺百合文書』・ヲ一―一三）と呼ばれることとなった。寺田法念の悪党化の原因はさまざまに考えられるが、その一つに、このころ、寺田氏が保持してきた公文職が東寺によって否定されたことをあげることができよう。以後、建武年間にいたるまで、寺田一族による権利回復の行動が継続されるが、その行動は、荘園領主・在地住民とのあいだに軋轢を生みだし、悪党として糾弾されるのである。

元亨年間、東寺は、寺田悪党鎮圧のために寺家使金蓮院・弁殿を派遣して、「御領既為亡所」といわれるほどの激戦のすえ、寺田を敗退させた。この時、寺家使を助けたのは、寺田の支配（足手公事＝労働力収奪）に苦しんでいた実円・信阿（実長）らの有力名主層であった。信阿は、みずから負傷しながらも寺家使を助けたが、その忠勤の功により、寺敵の所領として東寺に収公されていた有光名の名主職に恩補されている（『東寺百合文書』・み一六―二九）。

一三三四年（建武元）にも、寺田一族は所領の回復をめざして矢野荘に侵入した。東寺は、寺使南端殿・阿波御房らを中心に、反寺田派の有力名主層を組織して対抗した。南端殿たちは、大僻殿山上に要害を構え、数度の合戦ののちに寺田を撃退した。この攻防戦のさい、寺家側の兵粮が欠乏するという事態が生じたが、実円らは、自己の拠点である奥山の地より、秘計をめぐらして兵粮米を搬入することに成功している。この結果、実円は是藤名の名主職に「抜群奉公」を理由に恩補された（『東寺百合文書』・み一六―二九）。この是藤名は、千代鶴女というものが名主職を持っていたが、その一族

表Ⅱ　14世紀初頭における寺田氏の所領構造

国　名	所　領　の　内　容
播　磨	矢野荘重藤名地頭職田畠山林，例名公文職，大僻宮別当神主祝師職
播　磨	坂越荘内浦分堤，木津村畠２町地頭職
播　磨	福井荘東保上村地頭職内小河原敷田畠
備　前	光延・国富両名内屋敷壱所幷田畠
摂　津	頭陀寺地頭職内友定・四郎両名

正和２年９月12日寺田範兼譲状（『東寺百合文書』せ）

である真殿源太入道が寺田悪党に与同したため、荘園領主によって没収され、闕所地とされていたのである。この事実は、南北朝内乱の前夜において、矢野荘では在地住民が、荘園領主側と在地領主側とに分裂して相互に争っていたことを物語るものであろう。それはともかく、悪党事件を経過するなかで、矢野荘においても有力名主実円らを中心に農民の結束＝惣結合が強化されていったことに注目しておきたい。

悪党の構成

前節で、大部荘の繁昌が雑掌職を、矢野荘の法念が公文職を解任されたことが直接の契機となって悪党行為を展開したことをみたが、ここでは、悪党の構成（組織）について検討する。

寺田氏は、秦為辰以来、重代開発私領として、矢野荘重藤名地頭職幷例名公文職を所持していたが、十四世紀の初頭には、表Ⅱにみるような所領を支配する在地領主へと成長していた。寺田範兼から範長への譲状によって、寺田氏の所領が、数ヵ国に散在する地頭職の集積によって構成されていること、大僻宮神主職・祝師職を所有して在地の祭祀と深くかかわっていること、坂越荘の浦地頭職を保持していることから寺田氏が瀬戸内海の重要港湾の権益とも関係していることなどを知ることができる。このような経済基盤をもつ寺田氏が、荘園領主の交替（藤原氏→東寺）というきわめて不安定な在地状況をついて、東寺によって否定された権利の回復をめざして蜂起したのである。

一三一四・五年にわたって蜂起した寺田悪党は、法念・少輔房・孫太郎（範長）などの寺田一族、右馬三郎ら寺田の家人、坂越地頭飽間八郎泰継代親性、小犬丸地頭岩間三郎入道など近隣地頭御家人、さらに、山僧石見房注記例名当雑掌・安芸法橋別名前給主代などの荘官（山僧）から構成されていた。それは、血縁関係にある寺田一族と家人を中核に、山陽道と那波浦という分業流通のルートによって結びつく近隣地頭御家人、そして、高利貸を営む山僧・借上を構成メンバーとするものであった。この悪党を追捕するために、六波羅からは守護代糟屋弥次郎、御家人石原又次郎が遵行使として派遣されたが、地頭御家人を含む寺田悪党に対して十分なる成果を上げえたかどうか疑問である（『東寺百合文書』ノ一―八）。

守護代糟屋弥次郎は、一三一六年（正和五）にも、長浜六郎入道とともに、平野荘（内大臣洞院家領）の悪党追捕にあたっている。鎌倉幕府・六波羅探題による悪党弾圧政策が一段と強化されてくるのは、この頃からである。一三一〇年（延慶三）に刈田狼藉が、一三一五年（正和四）には路次狼藉が、検断沙汰の対象とされ（『中世法制史料集一』追加法七一三条・七一四条）、一三一九年（文保三）の春には、山陽・南海道へ悪党追討の使節が派遣されるにいたる（『峯相記』）。悪党蜂起が、鎌倉幕府の浮沈にかかわる重大問題となっていたことの証左であろう。

播磨へは、使節として飯尾兵衛大夫為頼・渋谷二郎左衛門尉・糟屋次郎左衛門尉が派遣され、守護代周東入道をはじめ、協力の起請文を提出した地頭御家人らとともに、「所々ノ城郭、悪党ノ在所二十余ヶ所ヲ焼払」い「現在セル犯人」を誅し、悪党五十一人の名前を注進するといった一応の成果をあげた。しかし、使節が京都に帰るにあたって、誅戮をまぬかれた悪党の逮捕を国中の地頭御家人に厳命したけれどもその効果はなかった。そして数年後には、悪党の「振舞先年ニ超過シテ、天下ノ耳目ヲ驚カス」こととなったのである（『峯相記』）。

一三二二年（元亨二）九月、大部荘は再び悪党の乱入をうけた。東大寺衆徒訴状によれば、事件は、大部荘内鹿野村地頭代白井宗胤の家人円了法師祐真が張本となって、安志卿房、林田法橋らを相語らい、荘内坂部村の地頭職を請所として知行していた中条刑部少輔の代官長尾備前房ともどもに、「本所進止之公文名以下之公田数十町」の作稲を刈取ったというものであった（『東大寺文書』三―九）。

この時、つぎのごとき悪党交名が注進された。

注進

東大寺領播磨国大部庄苅田狼藉悪党人交名事

合

一安志卿房安志庄住人　一林田能登法橋林田庄住人
一堤五郎垂井住人　　一本智法橋白井八郎之扶持
已上文保三年悪党対治御使下向之時被搦逃交名人也、
一円了法師祐真白井八郎之家人　同国平野庄違勅悪党衾御教書交名人 并海賊張本田那部入道行蓮白状人
一長尾備前房平野庄衾御教書交名人 中条刑部少輔所務代官
一太郎左衛門入道円心同前　下端役人
右且注進如件、
　　元亨二年九月日

右の訴状と交名から、一三一六年（正和五）の平野荘悪党事件に関連して衾御教書により指名手配されていた者、一三一九年（文保三）における使節下向のさいに追捕を逃れた者などが行動を再開していることを知りうる。また、かれらが、地頭代白井八郎宗胤や、六波羅三番引付頭人中条刑部少輔の縁によって結びついていること、悪党張本祐真が海賊田那部入道と関係をもち、安志卿房が文保三年の悪党退治の網の目をくぐって逃れた海賊の張本であったことなど興味深い事実が判明する。さらに、交名注文の記載から、悪党が、大部荘を中心に、安志荘、林田荘、垂井荘などかなり広範な地域の住人によって構成されていたことを指摘することができる。

十四世紀の二十年代に入って悪党蜂起が峻烈をきわめ、鎌倉幕府の支配機構を麻痺させていった様相を『峯相記』は、「国中ノ上下過半」が悪党に同意し、警固の守護などが悪党の「権威ニ恐レ、追罰ノ武士モ還テ憚ヲ成ス、仍テ追捕狼藉、苅田苅畠、打入奪取、結句ハ残ル庄園アルベシトモ見ヘズ」と鮮やかに描き出している。かかる事態は、指名手配中の悪党長尾備前房を所務代官に任命していた中条刑部少輔を非難した「凡天下多人、何強以名誉大悪党等召仕代官、可及寺領之煩哉、正胤之所存尤難存知者哉」という東大寺衆徒の申状からもうかがうことができる。悪党を捕縛すべき六波羅の役人や地頭などが、悪党を扶持するという状況にいたれば、国中の地頭御家人を相催し、悪党の狼藉を相鎮め、「任法可召捕其身」との厳命がいかに頻繁に下されようとも、「御教書催促イタツラニ魚網ヲ尽ス」のみであった。

かくして「元弘ノ重事」が発生したのである（『峯相記』）。それは、播磨に関していえば、当国における最大の悪党的勢力であった赤松武士団の挙兵を意味する。南北朝内乱の開始でもあった。

(二)　京童の口ズサミ――「二条河原落書」をめぐって――

はじめに

若狭国太良荘の農民が、一三三四年（建武元）五月に、荘園領主の東寺に対して一通の申状を提出した。申状には、

右、明王聖主の御代と罷り成り、随って諸国の御所務は旧里に帰し、天下の土民百姓等皆以て貴き思を成すの条、その隠れなきものなり。なかんずく、当庄の領家職に於ては、根本より当寺御領として地頭非勘を致さるるの時は、御沙汰を経られ、地頭の非法を停止せられ、百姓等を不便に思し食さるるものなり。ここに去る正安年中より以来、地頭職に於ては関東御領と罷り成り、非法横法を張行せらると云々、本所の御年貢御所務悉く相違せしむ。随って百姓等責め損ぜられ、衰微せしむるの条、計るに勝ふべからざるところ、関東御滅亡、今は当寺御領と罷り成り、百姓等喜悦の思を成すのところ、御所務かつて以て、御内御領の例に違わず、剰へ新増せしめ、巨多の御使を付けられ、当時農業の最中呵責せらるるの間、愁吟に絶えざるにより、子細を勒して言上す。

と書かれている（『東寺百合文書』）。この申状は、地方民衆が、鎌倉幕府（北条得宗の専制）をたおした後醍醐の政権＝明王聖主の御代にいかに大きな期待をよせていたか、にもかかわらず、荘園領主と癒着した後醍醐政権が、かれらの期待を裏切っていったかを明白に物語っている。建武新政への期待

は、地方民衆にとって幻想にしかすぎなかったのである。ちょうど同じころ、京都においても、都市民衆は、後醍醐政権の矛盾と動揺とを鋭く感じとっていた。

此比都ニハヤル物

一三三四年（建武元）八月、後醍醐天皇の政庁のあった二条富小路に近い河原に落書が掲げられた。この落書は、

此比都ニハヤル物、夜討、強盗、謀綸旨、召人、早馬、虚騒動、生頸、還俗、自由出家、

と書きだしているが、これは、明らかに平安末期に流行した今様の物尽くし歌によりつつ、七五調を基本とした歌謡の形式を継承し、建武政権下の揺れ動く世相を冷徹な眼で把握し、鋭く風刺したものといえよう。

都に流行したものの筆頭に、夜討と強盗とが挙げられているのは、治安の維持が京都の民衆にとって大きな願望であったからであろう。足利尊氏に対抗するために、兵部卿護良親王の集めた私兵が辻斬り強盗であったというところに、建武政権の性格の一端が浮き彫りにされている。

後醍醐天皇は、天皇の権威を象徴するものとして綸旨を絶対化し、神格化した。しかし、絶対者の命令が神聖視されればされるほど、その偽物が作成され、横行するのは世の常である。

一三三三年（元弘三）六月、天皇は所領の安堵は綸旨によって再確認されねばならないという個別

安堵法を発布したが、これが原因で、所領安堵に必要な証拠の文書を背負った人びとが、全国各地から上京するという異常事態が発生した。落書は「本領ハナル、訴訟人、文書入タル細葛」と、この状況を描写している。このため、はやくも翌月には、当法は北条氏関係の所領にのみ適用すると改められたが、朝令暮改は、人びとに建武政権に対する不安と疑惑をいだかせることとなった。本領回復を企てる人びと、所領内における濫妨停止を要求する人びとが殺到した決断所では、滞りがちな訴訟事務をさばくために、大増員が必要となった。しかし、人材の不足はいかんともしがたく、ついには、事務能力の有無を十分に調査することもなく、員数合わせがおこなわれた。中下級貴族や、地方武士の中央諸機関への登用は「下剋上スル成出者、器用ノ堪否沙汰モナク、モルル人ナキ決断所」というありさまであった。綸旨の万能を信じ、延喜・天暦（醍醐・村上天皇時代）の治世の再現を願う天皇の諸政策にもかかわらず、ここにみられるのは、現実を無視した施策の破綻した無残な姿であった。

さて、都へ上った地方武士たちは、建武政権へ登用されると、たちまちのうちに公家の風情に染まり、奢侈な生活にあこがれて武具までも質に入れ、似合いもしない華美な服装をして人目を引こうとした。かれらは、ただちに、

キツケヌ冠、上ノキヌ、持モナラハヌ笏持テ、内裏マジハリ珍シヤ

と揶揄され、嘲笑されるのであった。かつては「只品有シ武士モミナ、ナメンタラニゾ今ハナル」という状況であった。公家たちはとみれば、武家の風を模して、乗馬や弓矢などを習いはじめるしまつ

であった。公家のなかにも千種忠顕のように博奕に明け暮れ、笠懸や犬追物に熱中して勘当されたものもいたが、かれなどは、まったく例外で、一般の公家たちが、いくら矢を引いても、武術の上手になるあてなどまったくなかった。かれらもまた、

弓モ引エヌ犬追物、落馬矢数ニマサリタリ、誰ヲ師匠トナケレドモ、遍ハヤル小笠懸、事新キ風情ナリ

と一笑にふされてしまう。冷笑のなかに、京都民衆のすさまじいまでの反権力志向を読み取ることができよう。

落書は、さらに、

タソガレ時ニ成ヌレバ、ウカレテアリク色好、人ノ妻鞆ノウカレメハ、ヨソノミル目モ心地アシ

と軽薄な世俗を醒めたる眼でみつめ、連歌や田楽、闘茶・闘香などの遊戯の流行を「エセ」文化ときめつけている。が、同時に、

京鎌倉ヲコキマゼテ、一座ソロハヌエセ連歌、在々所々の歌連歌、点者ニナラヌ人ゾナキ、譜第非成ノ差別ナク、自由狼藉ノ世界也、犬田楽ハ関東ノ、ホロブル物トハ云ナカラ、田楽ハナヲハヤルナリ

と、連歌や田楽の流行のすさまじさに感嘆の声を発している。

ところで、夜討、強盗の横行する京の市内を警衛したのは上京した武士たちであった。そして、か

れらが駐屯したところが、町ごとに陣幕を張り巡らした篝屋である。しかし、篝屋役や軍役として動員され、上京してくる武士の数はおびただしく、かれらの宿所はまったく不足していた。六波羅攻めの戦火に幸運にして焼けのこった家々も、強制的に借り上げられていった。それは、

町ゴトニ立篝屋ハ、荒涼五間板三枚、幕引マハス役所鞆、其数シラズ満々リ

という状況であり、

去年火災ノ空地トモ、禍福ニコソナリニケレ、適々ノコル家々ハ、点定セラレテ主去ヌ

という悲喜劇も生ずるのであった。私宅の点定（強制接収）が、市民生活を不安な状況におとしいれること、これの禁止が民政安定につながることは、一三三六年（建武三）十一月に足利尊氏が建武式目を制定したさい、わざわざ「可被止私宅点定事」の一条を設けて、私宅の接収を厳禁していることからも充分に理解することができる。

自由狼藉の世界

脇田晴子氏は「二条河原落書」の筆者を、教養豊かな公家貴族であり、相当の保守派で、前代の身分秩序がくずれていくのを憤慨しているのだと指摘する（『室町時代』中央公論社　一九八五年）。そして、この筆者は、新興の武士が廟議に加わることをきらい、公家は公家らしく、武士は武士らしくあった鎌倉期の身分秩序がくずれたことを怒っているのだという。しかるに、この筆者の作品を通して、

公家も武家もすべてを含めての鎌倉時代の身分秩序がくずれ、新たな身分社会が形成されつつあった状況がよみとれると脇田氏は主張する。

旧来の身分秩序の崩壊こそは、まさに、下剋上のいたりであり、自由狼藉の世界そのものであった。それは、「二条河原の落書」ののべるとおり、十四世紀社会の現実そのものであった。

一三三三年（元弘三＝正慶二）五月、六波羅探題北条仲時が、光厳天皇を奉じて関東へ逃亡しようとした時、近江守山に布陣していた野伏の集団が、からからと笑って、

如何ナル一天ノ君ニテモ渡ラセ給ヘ、御運已ニ尽テ、落サセ給ハンズルヲ、通シ進ラセントハ申マジ。輙ク通り度思食サバ、御伴ノ武士ノ馬物具ヲ皆捨サセテ、御心安ク落サセ給ヘ

と同時に喊声をあげたことのなかに、歴史を推進させていくものの姿をはっきりと認識すべきであろう（『太平記』巻九）。哄笑する野伏らは、旧体制を徹底的に否定し去らんとする在地諸勢力の象徴的存在である。

一三六一年（康安元＝正平十六）十一月に関東執事畠山国清が、鎌倉公方足利基氏に叛して、領国伊豆へ逃れるという事件が発生した。この原因は、一三五九年（延文四＝正平十四）十月の吉野攻撃のさいに、国清が過重の軍役を関東の国人たちに賦課したことであり、それに反発した国人衆が帰国ののち、一味神水して、国清の罷免を基氏に請願したことである。基氏は、国人たちの要求を「下トシテ上ヲ退ル嗷訴、下剋上の至哉」と思ったが「此者ドモニ背レナバ、東国ハ一日モ無為ナルマジ」

（『太平記』巻三六）と悟って国清を追放したといわれている。

一三七七年（永和三＝天授三）一月、播磨国矢野荘の農民たちは、いわゆる逃散闘争を展開した。東寺の僧侶たちは、

地下百姓等所行太不可然、何様致訴訟、無叙用之時、逃散次第沙汰也、年始無左右逃脱、言語道断之狼藉也、

とのべ、「下剋上之至極」と慨嘆した（『東寺百合文書』）。

南北朝内乱期の社会は、歴史の舞台に、国人、野伏、悪党、一揆ら、広範な民衆を登場させたのである。

バサラも、この時代を象徴する言葉である。バサラは、はでな、無遠慮なという意味に使われ、常識はずれの行動を表現する当代の流行語である。バサラ大名として著名な佐々木道誉は、連日のように自邸において連歌の会や茶会を開き、闘茶のさいには銭数千貫の賭け勝負をおこなっていた。かれは、小鷹狩りの帰途、「御所トハ何ゾ片腹痛シ」（『太平記』巻二十一）と嘲笑しつつ、妙法院御所を焼き打ちしたのである。土岐頼遠は、光厳上皇の行列に出会ったとき、下馬をせず、「何ニ院ト云フカ、犬ト云フカ、犬ナラバ射テ落サン」（『太平記』巻二三）と上皇の車をとりかこみ、追物射に射かけたという。かれらは、旧来の権威をまったく認めず、心のおもむくままに行動した。そこには、自由狼藉の世界が展開していたのである。

下剋上と自由狼藉の世界は、民衆文芸の温床でもあった。在々所々の茶寄合と連歌会は「群飲佚遊の禁」（『建武式目』）をはねのけて盛んに開催されたが、それは、民衆文芸を創造する基盤であった。内乱期に成立する連歌十徳の思想は、連歌の効用を称揚するものであるが、その第十の徳として、身分の高下を論ずることなく、一堂に会席して各自の才能を開花させることができるとのべている。連歌会における平等性の保証は、厳格な身分制社会のなかにあっては、きわめて稀有なことというべきである。堂上貴族と一緒に地下の連歌師の活躍する場が生まれたのである。

関白二条良基の押小路邸には、救済らの連歌師、遁世者が絶えず集まって連歌会を開き、バサラ大名道誉の邸宅にも地下の連歌師が出入りしていたという。そして、良基、救済の企画力と道誉の実行力とが『菟玖波集』を完成させることとなる。一三五七年（延文二＝正平十二）、後光厳天皇はこの句集を准勅撰とするという綸旨を下した。このことは伝統を墨守する公卿らの慨嘆と困惑をこえて、連歌が和歌と同等に位置づけられたことを示している。十四世紀の後半、連歌会はますます流行した。一三六二年（貞治元＝正平十七）の創建と伝えられる染田天神社では、地下の人々によって天神講が催され連歌会が興行された。

花の下の賑わいのなかで、種々の遊芸とともに連歌会が興行され、諸社寺の祭礼の雑踏のなかで、身分階層の違いをのりこえて、人々は連歌会に自由に参加して句作を楽しみ、秀句には惜しみない称賛をおくったのである。

祭礼の場や開催された市の広場では、田楽や猿楽が演じられた。一三四九年（貞和五＝正平四）六月の京都四条河原での勧進田楽のさい群集した見物人のために桟敷が破損し、百余人の死者を出して大混乱におちいったという（『師守記』）。一三六〇年（延文五＝正平十五）十一月の常楽寺の祭りにあたって、市場の夷前で大和一円の田楽能が演じられたこと（『斑鳩嘉元記』）などをあげるまでもなく、田楽や猿楽は各地の民衆の圧倒的支持をうけて新しい芸能として成長をとげていったのである。やがて、田楽、猿楽、さらには延年の風流などにみられる物まね、舞い、謡などの雑芸を統一して独創的な芸能が生みだされた。観阿弥によって創成され、世阿弥によって大成された猿楽能がこれである。

おわりに

以上、「二条河原の落書」が成立した時代的背景を考察したが、最後に、落書をめぐる二、三の論点を検討してみよう。

第一の論点は、この落書が、二条の河原に掲げられたものとすれば、その場所についてである。何故に、河原であったのか。すでに、網野善彦氏（『無縁・公界・楽』平凡社　一九七八年）や横井清氏（『河原と落書・鬼と妖怪』朝日新聞社　一九八六年）によって明らかにされているように、河原は、無縁の場であり公界の場であった。福岡の市や伴野の市の例をあげるまでもなく、河原は市の立つ場所であった。そこはまた、犯罪者や謀叛人の処刑の場であり、河原者が住み、印地打ちがおこなわれ、大衆芸能が演じられ見せ物小屋の建つ場所でもあった。一言に要約すれば、公権力の介入をみだりに許さない自由の場であり、多くの人々が往反するところであった。この落書が、後醍醐政権に対する批判であり、告発であるとするならば、一人でも多くの人々に、それが読まれ、喧伝され、情報として各地に伝えられることが何よりも必要であったはずである。後醍醐天皇の政庁に近い京都鴨川の二条河原の雑踏のなかに、落書が掲げられた理由が、ここにあるのではなかろうか。

第二の論点は、「京童ノ口ズサミ、十分一ヲモラスナリ」との結びの言葉についてである。何故に、落書の作者は「京童」をここに登場させねばならなかったか。童が単純に幼児を意味するものではないことは、これまた横井清氏（『悪党と飛礫・童と遊び』朝日新聞社　一九八六年）や黒田日出男氏（『姿としぐさの中世史』平凡社　一九八六年）によって明らかにされてきたとおりである。平安末期から中世にかけて、京の町には情報の蒐集伝達にすぐれ、当意即妙の口舌のわざにたけ、時宜にかなう造語の名手として「大童子」「京わらんべ」と呼ばれる人々が活躍していたという。童のもつ自由奔放さ、率直さ、大人にはみえない真実を見抜くするどい直感力、それらの期待が、この語にはこめられているのではなかろうか。

第三の論点は、この落書が、一三三四年（元弘四）から一三三六年（延元元＝建武三）四月にいたる荘園所領関係法令、雑訴決断所結番交名、諸国一、二宮の本家職停止に関する宣旨などとともに『建武年間記』に収録されていることの意味についてである。民政に対する配慮の欠如が建武政権の決定的な弱点であると指摘されている。後醍醐政権は、民政に充分な配慮をはらわなかったが故に、だからこそよけいに民心の動向に鋭敏であったのではなかろうか。民心の帰趨に多大の関心を持っていたのではなかろうか。落書が『建武年間記』にのみ収録され、同時代の他の関連文書や記録に見られないことの意味をさらに追求する必要があろう。

このように考えきたれば、平安末期の政情きわめて不安的な状況のなかで、民衆の動向に敏感に対応した後白河法皇の姿を思い浮かべることは容易である。法皇は、当世風という意味をもつ、平安中・末期に流行した世俗歌謡である今様の音曲に異常なほどの執心をもっていたと伝えられている。若年のころから神崎の遊女かねに夜を徹して稽古をつけてもらい、一一五七年（保元二）には、美濃国青墓の傀儡女の目井の娘分にあたる乙前を召し出して「足柄」などの大曲を学んだという。

歴史の変革期における民衆と王権との複雑で錯綜したからみあい、相剋の様相を『梁塵秘抄』と『二条河原の落書』とをとおして追求することも可能であろう。

落書の起源の一つが、時の吉凶を神が人の口を借りてうたわせた童謡にあるとすれば、「京童ノ口ズサミ」を借りて、「天下一統メヅラシヤ」と、後醍醐政権の崩壊を予告した作者の手腕は並みのものではない※。

御代ニ生テサマ〴〵ノ、事ヲミキクゾ不思議ナル、京童ノ口ズサミ、十分一ヲモラスナリ

と結ばれた落書を通じて、とぎすまされた現状認識と、後醍醐政権への鋭い風刺を読み取るべきであ

ろう。作者は、新政権と一定の距離を保ち、政権に批判的な民衆サイドの知識人集団であったのではなかろうか。

※口遊＝噂に対して領主権力はつねに敏感であり、すばやく対応する。年代はくだるが『興福寺学侶集会引付』（弘治三年八月条）には「今般徳政口遊あり。事実に於ては寺領の滅亡これにすぎざるの間、同心あるべからず」と記されている。

(三)『太平記』断章——東国社会論を深めるために——

関東各地の県史・市史の編纂が進み、さまざまな歴史叙述が試みられるなかで、東国史研究は、いま、新たな局面をむかえつつある。中世後期の諸問題に限っても、近時めざましい進捗をしめす歴史考古学や金石文研究の成果を活用して、渡辺世祐氏『関東中心　足利時代之研究』、永原慶二氏「東国における惣領制の解体過程」（『日本封建制成立過程の研究』所収）、峰岸純夫氏「上州一揆と上杉氏守護領国体制」（『歴史学研究』二八四のち『中世の東国』所収）らの仕事が再検討されつつある。いま、文献史料にかぎっていえば、中世前期の東国社会を理解するのに、『吾妻鏡』が不可欠であるように、中世後期、とくに、内乱期社会を把握するために、『太平記』が持つ意味はきわめて大きいものがあるといえよう。

『太平記』四十巻は、はてしなき戦乱のなかを、不安におののきつつも、太平の幻想を追いもとめた人々の生きざまをみごとに活写した一大叙事詩であり、完成直後から、「近日、天下翫ぶ太平記」（応安七年、『洞院公定公記』）と記されるほど、多くの関心と大へんな評判をよび、室町・戦国期には、『太平記』読みを専業とする物語り僧によって、さらに広範な人々に享受されていったのである。

『太平記』のなかで、最も興味を引く箇所の一つは、一三三三年（元弘三）五月、京都を逐われ、光厳天皇らを奉じて鎌倉へ逃げる途中の六波羅探題北条仲時らの一行をさえぎった近江守山在の悪党・野伏らの行動と意識である。行く手をさえぎる五、六百人の野伏に、仲時らが「恭モ一天ノ君、関東へ臨幸成処ニ、何者ナレバ加様ノ狼藉ヲバ仕ルゾ、心アル者ナラバ、弓ヲ伏セ甲ヲ脱デ、可奉通。礼儀ヲ知ヌ奴原ナラバ、一々ニ召捕テ、頸切懸テ通ルベシ」（『太平記』九）と非難すると、野伏どもは、からからと笑って、「如何ナル一天ノ君ニテモ渡ラセ給へ、御運スデニツキテ、落サセ給ハンズルヲ、通シ進ラセントハ申マジ。タヤスク通リタク思シメサバ、御伴ノ武士ノ馬物具ヲ皆捨サセテ、御心安ク落サセ給へ」と、喊声をあげたという。野伏らの哄笑のなかに、古代的権威が瓦解していく音を聞くことができよう。仲時らは、悪党の包囲網を突破できず、ついに、番場の宿において悲劇的な最後をとげたが、足立源五、三尾谷藤左衛門、庄俊充、藤田種法、金子十郎左衛門ら武蔵の武士たちも、仲時配下の宗徒の者として、自害して果てたのである。

内乱期社会の人々が、うちつづく戦乱を生き抜くためには、なによりもまず、情報の蒐集と的確な判断が必要であった。当該段階において情報伝達にあたったのは誰れであったろうか。全国各地を、それも合戦の場の近くを自由に往来できた者であろうことは想像に難くない。だれしもが時衆の僧侶をまず想定するであろう。

戦場に赴く武将は時衆の僧たちを召し連れていく習慣であったが、時衆僧は、連歌などの文芸をよくし、戦場の無聊をなぐさめ、金瘡の術にたけて負傷者を助け、戦死者の葬送に深く関与するものとして貴重な存在であった。新田義貞軍の鎌倉攻撃のさい、由比ヶ浜辺において時衆僧は死者に念仏を手向けた。他阿弥陀仏書状には、「鎌倉ハをびたゞしきさはぎにて候つれども、道場ハ殊ニ閑に候つる也。其故ハしげく来候殿原ハ皆合戦の場へ向候つれハ、留守の跡にて無別事候。たゝかひの中にも、よせ手、城のうちともに皆念仏にて候ける。どしうちしたりとて、後日に頸めさるゝ殿原、これの御房達、はまへ出て、念仏者にハ、皆念仏すゝめて往生を遂させ」とある（『信濃金台寺文書』元弘三年五月二十八日　他阿上人仮名消息）。

時衆僧の活躍がピークに達したのは観応年間であったといわれているが、戦禍によって他宗の僧侶が逃亡してしまった地域においても、時衆僧のみが踏み止まって、最後の十念をさずけたという（『千葉実録』）。観応擾乱のなかで、東国の状況を、摂津兵庫の高師直の陣営にまで知らせたのは、甲斐一条の時衆道場一蓮寺に属していた僧侶であった（『太平記』二九）。『太平記』にみるきわめてリアルで、迫力のある合戦場面の描写などは、文芸をよくする時衆僧の参陣によってのみ可能となったものであろう。各地の時衆僧が、戦闘場面をつぶさにみつめ、後日、そのありさまを、遺族や道場を訪ねる人々に語り伝えたのである。一三三三年（元弘三）二月の赤坂合戦に先駆けして討死した武蔵の住人人見光行、相模の住人本間資貞の首を、本間の子息資忠のもとに運び、すさまじい合戦の一部始終を語ったのは、二人に「付従フテ最後ノ十念勧メツル聖」（『太平記』六）であった。『太平記』は、燈明寺畷で死去した新田義貞の遺骸を輿に乗せて長崎道場称念寺へ運びいれた話（『太平記』二〇）、楠木正行らが、如意輪堂の壁板を過去帳にみたてて、各名字を書きつらね、和歌一首を記し、各自の鬢髪を切って仏殿に投げ入れて河内に出陣した話（『太平記』二六）など、現場にいあわせた時衆僧でなければ知りえない逸話を多数紹介している。時衆僧の存在を無視しては、『太平記』そのものを語りえないといってもよい。内乱期社会における情報伝達者としての時衆僧の役割は、わたくしたちの想像をはるかにこえたものであったかも知れない。

内乱期社会の特質は、寺僧の一揆、武士の一揆、民衆の一揆など、さまざまな一揆が、形成され展開したことである。『太平記』には、戦場を駆けめぐる中小武士の集団が、桔梗一揆、扇一揆、鈴付一揆などと称して登場する。一三五二年（文和元＝正平七）閏二月の小手指原の合戦に、足利尊氏の第三陣をつとめたのは、饗庭氏直を大将とする花一揆である。『太平記』は「命鶴ヲ大将トシテ六千余騎、萌黄・火威・紫糸・卯ノ花ノ妻取タル鎧ニ、薄紅ノ笠符ヲツケ、梅花一枝折テ甲ノ真甲ニ差タレバ、四方ノ嵐ノ吹度ニ鎧ノ袖ヤ匂フラン」(『太平記』巻三一)と美美しく描いている。武将たちにとって戦場は、ハレの場でもあったのである。

三木靖氏によれば、『太平記』に一揆が登場するのは、一三四七年(貞和三=正平二)以降のことであるという(「南北朝内乱期の一揆」『日本歴史』二七六)。武蔵、相模の中小武士団からなる一揆としては、白旗一揆と平一揆とが著名である。白旗一揆は、一三四八年(貞和四=正平三)の四条畷の合戦のさいに(『太平記』二六)、平一揆は、それよりややおくれて、一三五二年閏二月の、新田義宗と足利方とが激突した小手指原の合戦のなかに登場する(『太平記』三一)。白旗一揆が、文書によって確認できるのは、この一揆の一員として活躍した別府幸実の軍忠状(『新編埼玉県史　資料編5　中世1古文書1』三八一号、正平七年一月日、『別府文書』。以下文書番号のみ付す)によって、平一揆の場合は、「依為平一揆、去八月九日国符馳参」という烟田時幹着到状(四一六号、文和二年九月日、烟田文書)によってである。ともに、内乱が深化する観応擾乱の前後からであることに注目しておきたい。

一三五九年(延文四=正平十四)から翌年にかけて、足利義詮は、吉野攻略戦を展開する。義詮は、一三五九年二月に全国の武将に参戦を命じ、九月には、鎌倉公方足利基氏が義詮の要請を東国各地の国人に伝達した。別府幸実、高麗経澄、金子忠親らも、基氏の軍勢催促状を受けとっている(四二七号、四二八号、四三〇号)。畠山国清が、二十万と称される軍兵をひきいて鎌倉を発進したのは、十月下旬のことである。「東八箇国ノ大名小名一人モ不残、皆催促ニゾ順ヒケル」(『太平記』三四)との表現によれば、国清によって関東の国人らは、根こそぎ動員されたことがわかる。このことは、畠山軍団に癒しがたい矛盾と分裂を生みだす原因となった。別符幸実が、畠山国清・義深によって強行された吉野・紀伊作戦のなかで戦死したのは、一三六〇年（延文五＝正平十五）四月のことであった。（四三三号、『太平記』三四）。畠山国清の強制的な軍勢催促と龍門山合戦における作戦の失敗は、東国の国人領主に深刻な打撃を与えるものであった。このため、東国武士たちの戦線離脱が続発する。そのありさまは「此軍勢長途ニ疲レ数月ノ在陣ニクタビレテ、馬物具ヲ売位ニ成シカバ、怺兼テ、畠山ニ暇ヲモ乞ワズ、抜々ニ大略本国へ下ケル」（『太平記』三六）というものであった。一三六〇年七月、仁木義長との対立によって不本意ながら吉野攻撃を中止した国清は、八月、兵をまとめて鎌倉に帰った。そして、国清は、帰国直後から、吉野の戦線を勝手に離脱した者たちの所領を没収しはじめる。国清の厳罰主義と圧政に対して、千余人の国人領主は、神水を呑んで一揆し、国清の罷免を基氏に要求し、これがうけいれられない場合には、鎌倉公方の成敗にも従うことができないと嗷訴に及んだ。この時、基氏は、国人らの一揆行動を「下トシテ上ヲ退ル嗷訴、下剋上ノ至カナ」と憤激したものの、「此者ドモニ背レナバ、東国ハ一日モ無為ナルマジ」（『太平記』三六）と悟って、ついに国清を追放したのである。かくして、戦闘集団として組織された一揆は、内乱を経る過程において、ついに、政治的要求を以て統一行動を展開しうるものへと成長していったのである。ところで、国清が京都を去った理由は、南軍への攻撃が不十分であったのは、国清の責任であると取り沙汰されたからであるという。『太平記』(巻三五)は、この事態について、「今度ノ乱ハ、シカシナガラ畠山入道ノ所行也ト落書ニモシ歌ニモ読ミ、湯屋風呂ノ女童部マデモ、モテアツカヒケレバ、畠山面目ナクヤ思ケン、シバラク虚病シテ居タリケルガ、カクテハ、天下ノ禍何様我身独リニ係リヌト思ケレバ、将軍ニ暇ヲモ申サデ八月四日ノ夜、密ニ京都ヲ逃出テ、関東ヲ差テゾ下リケル」と記している。落書や風聞や噂が、湯屋においてささやかれ、拡大していった有様がうかがわれて興味深い。なお、『源威集』に「合戦成ラヌ日ハ御方敵洛中ノ湯屋ニ折合、時々物語過シテ合シ更ニ無煩シ也」とあるのをみれば、合戦のない、つかのまの平穏な日には、南北両軍の兵士たちが湯屋でくつろいでいたことがわかる。なお、この時代、湯屋風呂は時宗系の寺院によって経営されていたといわれている(『祇園執行日記』)。もしそうであれば、このような場における風聞や噂を時宗僧たちが集めることは容易であった。情報を蒐集管理した時宗僧が、ある意図をもって情報を噂として流し、世論を一定の方向に導くこともまた可能であったろう。内乱期社会における情報蒐集と伝達、さらには、それらを取捨選択し、集録した『太平記』の成立に時宗僧のはたした役割がきわめて大きなものであったことはあらためて揚言するまでもないところである。

『太平記』は、一三六七年(貞治六＝正平二二)十二月における細川頼之の管領就任を「中夏無為ノ代ニ成テ、目出カリシ事共也」(『太平記』巻四十)と報じて擱筆しているが、東国においては、さらに、平一揆、宇都宮氏綱の乱、小山義政の乱などが継起している。在地の諸階層をまきこんだこれらの諸乱の続発は、政治的要求主体となった一揆の成立とともに、東国社会の質的転換を示す一つのメルクマールである。それは、東国における地域社会構造の変化と発展を示すものであった。

(四) 倭寇と禅僧——海に開かれた社会——

はじめに

十三、四世紀は、東アジア社会の激動期であった。十三世紀の中葉、中国大陸では、モンゴル民族が宋を制圧して元王朝を成立させ、アジア諸国への侵攻をくりかえしていた。十四世紀に入ると、中国各地に元王朝に対する反乱が続発し、さしもの大帝国も衰退にむかい、一三六八年には朱元璋《しゅげんしょう》によって明が建国された。朝鮮半島では、倭寇によって弱体化した高麗王朝にかわって、一三九二年に李氏朝鮮が成立した。日本では、鎌倉幕府が崩壊し、南北朝の内乱が列島をゆさぶっていた。室町幕府の主導のもとで南北両朝が合一し、内乱が終熄したのは一三九二年のことであった。この時代の日本社会は、東アジアの諸国の動向と密接な関連をもって展開していたのである。それは、閉ざされた社会ではなく、まさに海に開かれた社会であった。

禅僧の往来

文永・弘安の役（いわゆる元寇）は、日本と元王朝との公的な外交関係の成立を不可能にしたが、日本の商船は、しばしば、中国大陸へ渡り、貴重な文物を招来した。日中間を往来する商船に、数多くの禅僧が便乗した。

一二七九年（弘安二）六月には、「臨剣偈」で著名な無学祖元《むがくそげん》が、北条時宗の招きで来日し、円覚寺を開いた。夢窓疎石《むそうそせき》は、かれの法孫である。朝貢を要求する元王朝の外交使節として、一二九九年（正安元）に来日した一山一寧《いっさんいちねい》は、ついに帰国することなく、建長寺、南禅寺に住し、雪村友梅《せっそんゆうばい》らの名僧を輩出させた。一山は、能書家顔真卿《がんしんけい》の書法を取り入れて草書にすぐれ、多くの墨蹟を残し、日本の書道史・絵画史に大きな影響を与えている。一三二六年（嘉暦元）に来日した清拙正澄《せいせつしょうちょう》は、北条高時の殊遇をうけ建長寺・円覚寺の住持を歴任し、のち、後醍醐天皇に招かれて、建仁寺ついで南禅寺の住持となった。一三二九年（元徳元）来日の明極楚俊《みんきそしゅん》は、大友貞宗らの外護をうけ、摂津広厳寺の開山となり、後醍醐天皇の帰依をうけ五山の要職を歴任した。明極に随伴して来日した竺仙凡僊《じくせんぼんせん》は、花園上皇や大友貞宗・足利直義らの支持をえた。疎石の甥であり、高弟でもあった春屋妙葩《しゅんおくみょうは》は、竺仙の書弁侍（通訳）を務めながら禅を学んだという。かれら来日僧が、詩文に秀れ、五山文学の基礎をきづくとともに、門下から数多くの禅僧を輩出したことは特筆すべきことである。竺仙は、夢窓の『夢中問答集』を出版し、五山版印刷事業の先駆者となったが、のち、各地の禅院でおこなわれた書籍の印刷事業に、中国の版木彫刻師らが来日して協力していることを忘れてはならない。
日本から渡海した禅僧としては、雪村友梅・石室善玖《せきしつぜんきゅう》・寂室元光《じゃくしつげんこう》らが著名である。雪村は、建長寺の一山一寧に侍童としてつかえ、一三〇六年（徳治元）に入元した。一時、スパイの容疑で投獄されたが、「臨剣偈」を朗誦して天下に名を馳せ、古林清茂《くりんせいむ》など多くの禅僧に歴参して、一三二八年（嘉暦二）に帰国した。建仁寺・南禅寺などに住し、のち、赤松円心に招かれて、播磨法雲寺を開いた。石室は、一三一八年（文保二）に入元、古林に師事したが、一三二六年（嘉暦元）、清拙の来日に同行して帰国した。天龍寺・円覚寺などを歴任し、のち、武蔵岩槻の太田氏に招かれて平林寺の開山となった。寂室は、蘭渓道隆《らんけいどうりゅう》の高弟約翁徳倹《やくおうとくけん》に学び、中国への渡海を志し、一三二〇年（元応二）入元。清拙、古林らに学び、ついで、天目山の中峰明本《ちゅうほうみょうほん》を慕って参禅。一三二六年、清拙に同行して帰国。備後永徳寺・摂津福厳寺に住したのち、近江佐々木氏の帰依をうけて永源寺を開いた。かれらは、守護級領主の招きによって各地の禅宗寺院の開山となったが、禅文化の地方伝播に果した大きな役割を看過してはならない。

初期五山文学の双璧と称されるのは義堂周信《ぎどうしゅうしん》と絶海中津《ぜっかいちゅうしん》である。義堂は、夢窓の弟子となり、中国への渡海をめざしたが病のため果せず、一三五九年（延文四）、鎌倉公方足利基氏の招きにより円覚寺に住した。関東に住むこと二十一年、多数の詩文を残した。かれの日記『空華日用工夫集』は、十四世紀後半の政治史・宗教史を研究するさいの貴重な史料である。絶海は、義堂とともに夢窓のもとにあったが、一三六八年（応安元）、汝霖良佐《じょりんりょうさ》とともに建国直後の明に渡った。浙江省の中天竺で、季潭宗泐《きたんそうろく》に参じ、南京において洪武帝の問法をうけたが、みごとにこれに応じたという。一三七八年（永和四）帰国。天龍寺、甲斐恵林寺の住持を経て、義堂の推挙によって、足利義満に招かれることとなり、鹿苑院に住した。義満の外交顧問として活躍する一方、応永の乱にさいしては、義満の使者として大内義弘との折衝の任に当った。

十三、四世紀における私貿易船の往来、海商の活躍は刮目すべきものであるが、寺社造営料を捻出するための貿易船が、幕府や朝廷の公許船として中国へ派遣されることもあった。一三二五年（正中二）出航の建長寺造営料唐船、一三三二年（正慶元）の住吉社造営料唐船、一三四二年（康永元）に出航した天龍寺造営料唐船などが有名である。足利尊氏は、後醍醐天皇の菩提を弔うために天龍寺の造営を企てたが、これには、巨額の費用を必要とした。この費用を調達するために、足利直義が、夢窓に対して唐船二艘の渡航を許可したのが、天龍寺造営料唐船である。夢窓は、綱司（船長）として、博多在住の中国貿易商至本なるものを推挙した。至本は、この時、商売の損益にかかわらず、帰国後五千貫を寺家に納めると誓約している。

このころ、東シナ海で活躍した貿易船は、三百石（積載重量約三十トン）ほどの海船（複材刳船《くりふね》に舷側板をつけた準構造船）から千石前後の大型商船（構造船）であり、季節風の利用と磁石の活用によって、外洋を容易に往来したといわれている。これらの貿易船に、来日僧・帰国僧が乗船したのみならず、大量の銅銭・青磁・青白磁・紫檀材・仏典・書画などがつみこまれていたことは想像に難くない。

※一九七六年に韓国全羅南道新安郡智島邑道徳島の沖合の海底で発見された沈没船から、銅銭二十八トン（約八百万個）、陶磁器一万八千六百余点、紫檀材一千余本の積荷が回収されている。引き上げられた木簡から、この船は、東福寺・筥崎宮の修造費用を捻出するための貿易船で、一三二三年に、寧波《ニンボー》を出航して、日本に向かう途中に沈没したものと推定されている。

倭　寇

高麗忠定王の二年（一三五〇）の記事に「倭寇之侵　始之」とある。倭寇とは、いったいなんであったのか。

一三五〇年に、南朝鮮の港湾を襲った倭寇は、米穀の輸送船（漕船）を掠め守備隊と交戦し、一三五二年には、首都開城の近海にまで出没した。倭寇が略奪の対象としたのは、主として、米穀と沿岸の人々であった。まず、漕倉（租粟の収納庫）や漕船が襲われ、ついで、沿岸の人々を捕らえて、日本につれ帰り奴隷として使役した。琉球にまで転売された人々もいる。一三八八年七月に、九州探題の今川了俊は、高麗王朝の依頼によって、二百人の捕虜を送還したが、そのさい、了俊は代償として大蔵経を請求している。

朝鮮の記録に「三島之倭寇」という言葉がしばしばみられる。この三島というのは、対馬・壱岐・肥前松浦地方のことである。人家がまばらで、土地が狭く、飢饉の多い、これらの地方が倭寇の根拠地となっていたのである。では、何故に、十四世紀の中ごろから、この地方を根拠地とする倭寇が頻発するようになったのであろうか。日本国内における諸産業や商業の発展が、人々を海外へとむかわせたのである。中国大陸や朝鮮半島の人々と、私貿易を展開しうるだけの条件が、日本の側にも形成されていたのである。しかしながら、高麗王朝は、対モンゴル交渉に忙殺され日本との通交関係の成立を拒否しつづけていた。このことが、海商を海賊へと変質させていったのではなかろうか。元王朝が、公私の貿易を認めていたあいだは中国大陸への倭寇の侵入がみられなかったのに対し、元末・明初において公私の貿易が禁止されたのと時を同じくして、かれらの大陸への侵入が激化していることは、この推測を裏づけるのに十分な証拠といえよう。十四世紀に六十年にわたって列島を戦火にまきこんだ南北朝内乱の影響も無視することはできない。内乱期に、熊野水軍、村上水軍のみならず、松浦党や対馬・壱岐の海賊衆も、南北両朝から貴重な軍事力とみなされ、絶えず動員をうけた。この過程で、かれらの戦闘能力、造船技術、航海術などが飛躍的に向上していった。物資の大量輸送を可能にする大型船も造り出された。日本から朝鮮半島へ、さらには、中国大陸の奥地にまで荒海を自由に航行できるだけの諸技術を、かれらは修得していったのである。

高麗王朝の弱体化も、倭寇を誘発させ、永続させる原因であった。十四世紀の中ごろには、高麗王朝の財政は破局に瀕し、軍隊を維持する食糧すらなかったといわれている。倭寇に対する懐柔策、弾圧策、日本への禁寇の要請など、種々の対応策がとられたが、十分な効果をあげるにはいたらなかった。やがて、高麗人のなかにも、倭寇と称する者が出現する。このことは、なにを意味するのであろうか。倭寇の侵入に内応するのみならず、朝鮮の最下層の民衆が、倭寇と詐称して高麗王朝に反抗を続けるにいたったのである。この事実は、倭寇の問題を米や奴隷の略奪行為とのみ規定してはならないことを示唆している。高麗王朝は、民衆の抵抗運動を倭寇の名のもとに弾圧したのではなかろうか。倭寇を、十四世紀における東アジアの支配階級に対する民衆の抵抗運動の一形態とみなすことも可能なのではなかろうか。

倭寇は、高麗王朝の弾圧にもかかわらず、いっこうに衰えなかった。一三七七年には、一年間に四十二回（田村洋行『中世日朝貿易の研究』）～一二十九回（田中健夫『倭寇と海外貿易』）にも達している。それとともに、倭寇の規模も次第に大きなものとなり、一三七九年に侵入した倭寇は、騎七百、歩二千といわれ、高麗の正規軍と戦火をまじえるほどになっていた。しかしながら、一三八〇年頃から倭寇の行動に陰りがみえはじめる。同年八月、鎮浦口《ちんぽこう》に侵入した五百艘の倭寇は、高麗軍が新しく使用しだした火砲によって全滅した。一三八三年五月の観音浦の海戦では、高麗の戦艦四十七艘と倭の大船百二十艘が戦い、火砲によって倭寇が焼きはらわれている。李成桂が、禁寇の献策をおこなったのはこの年である。かれは、権勢家（寺社・諸将軍）の横暴による朝鮮民衆の疲弊と流民化を嘆いて、高麗軍兵の補強と軍糧確保の必要を説き、そのためには、軍民一体の組織をつくるべきだと強調した。一三八九年、高麗王朝は、戦艦百艘からなる海軍を、倭寇の根拠地の一つである対馬に派遣し、倭船三百艘を焼いた。倭寇討伐を通じて頭角を現してきた李成桂は、高麗恭譲王《きようじようおう》から、一三九二年に、王位をゆずられると都を開城から漢城に移して、新王朝を建てた。李氏朝鮮の成立である。

李氏朝鮮は、倭寇に対するために強力な海軍を創設するとともに、室町幕府へ、正常な外交関係の樹立と倭寇の禁圧を要求した。一三九二年十一月、李氏朝鮮の使者覚鎚《かくつい》が来日して、倭寇の禁止を要求したのに対し、足利義満は「鎮西の守護に命じて賊船を禁遏《きんあつ》し、被虜人を送還させる」と絶海中津に答書させている。李氏朝鮮は、倭寇を弾圧する一方で、しきりに倭寇へ投降を呼びかけ、それに応じた者には、田地や家財を与え、妻をめとらせるなどして厚遇した。一三九六年には、倭船六十艘が対馬から慶尚道寧海丑山島《ねいかいじゆうさん》に来て投降したが、その人数は、将五名・兵数百人におよんだといわれている。かれらは、投化倭人《とうかわじん》と呼ばれた。李氏朝鮮は、倭寇対策の一つとして、西国の守護大名に通商を許可した。これに応じて、大内、渋川、島津氏や、対馬の宗氏、松浦党など、西日本各地の諸豪族が貿易船を朝鮮へ派遣した。諸豪族からの使者は、客倭《きやくわ》、使送倭人《しそうわじん》などと呼ばれた。興利倭人《こうりわじん》と呼ばれる専門の貿易商人も出現した。かれらは、虎皮・豹皮・麻布・黒麻布、人参・米豆・焼酒・銀鐘・銀盂などを日本に持ち帰った。十五世紀中ごろからは、木綿布が朝鮮からの輸入品の中心となった。近世初頭に、日本国内で木綿の生産が普及するまで、朝鮮の木綿は、日本人衣料の最大の供給源であったといわれている。

中国大陸で、元王朝にかわって、紅巾軍の首領であった朱元璋が明王朝を建てたのは、一三六八年のことであった。倭寇は、成立まもない明王朝支配下の中国沿岸においても活動した。かれらは、山東沿岸から、江蘇、浙江、福建、広東地方までも活動の舞台とし、住民を掠め、官米を奪った。中国被虜人のなかには、日本につれかえられ、牛馬の飼養などの農業労働に使役される者もあった（謡曲『唐船』）。明王朝は、倭寇対策として沿岸の防備を充実させた。海岸には城を築き、衛所に兵を配置し、巡察するための快速船を配備した。寧波、泉州、広州の市舶司を復活し、諸外国から渡航してくる船を管理統制させた。そして、日本に倭寇の禁圧を要求する使節を派遣した。明の使節は、征西府の懐良親王と室町幕府の足利義満とに接触をもったが、倭寇禁圧の実はあがらなかった。倭寇禁圧がある程度の成功をおさめたのは、義満が、一四〇一年（応永八）に対明外交にのりだし、両国間に正式な外交関係が生まれたのちである。

一四〇一年、義満は、同朋衆の祖阿を正使に、博多の商人肥富を副使に定めて遣明船を派遣した。この時、金・馬・扇・屛風・鎧などを贈ったが、中国の漂流民（倭寇被虜人）をも送還した。一四〇三年の遣明船の場合は、天龍寺の堅中圭密《けんちゅうけいみつ》が正使となった。「日本国王臣源表す」との国書をつくったのは、絶海中津である。これに対して、成祖永楽帝は義満の賀表を嘉とし、国書とともに冠服と金印を贈り、勘合符を与えた。倭寇を禁圧した義満は、貿易の利益を独占し、莫大な銅銭を獲得した。

この事態は、佐藤進一氏によって、義満による国内通貨発行権の独占であると指摘されている。

おわりに

十四世紀初頭における日中禅宗界の相互交流、なかんずく、日本の禅宗界は、中国への渡海ブームにわきかえっていた。虎関師錬《こかんしれん》はこの状況に対して、「近時此方の庸緇、熯然として元土に入るを例とす、是れ我国の恥を遺す也」(『海蔵和尚紀年録』)と嘆いたというが、禅僧の頻繁な往来は、中国の禅林制度だけでなく、史学、文学、書道、絵画などが日本に伝えられることとなり、日本文化に与えた影響は、はかりしれないものがあろう。五山文学、北山文化の基調がここに形成されていったのである。点心や唐様の膳など、禅僧によって伝えられた料理もまた、日本の食生活史上、一つの画期をなすものといえよう。

貿易船の往来や倭寇の活動によって、中国や朝鮮半島から数多くの舶来品が流入した。これに対して、吉田兼好は「唐の物は、薬の外は、なくとも事かくまじ、もろこし舟のたやすからぬ道に無用の物どものみ取つみて、所せく渡しもてくる、いとおろかなり」(『徒然草』)と記しているが、円覚寺仏日庵の財産目録(諸祖頂相《ちんぞう》、牧谿《もっけい》筆水墨画、墨蹟、漆工芸品、陶磁器類などが記録されている)をみれば、この時代の唐物(宋・元舶載品)が、いかに貴重なものであり、大切にされ愛好されていたかを理解することは容易である。

しかして、禅僧の往来や倭寇の活動が、日本の中世社会にもたらした最も大きなものは、日本人の東アジア世界に対する認識の深化であり、新しい世界観の獲得であったというべきではなかろうか。

補の章　足利一族の経済基盤

はじめに

古代社会から中世社会への転換期、すなわち十一世紀の後半から十二世紀にかけて、律令国家の地方支配機構（国─郡─郷制）では掌握しきれない事態が、社会の最深部で進行しつつあった。『和名《わみょう》抄《しょう》』段階ではみることのできなかった新しい郷が数多く出現したのである。郡司・郷司などと呼ばれる在地領主層によっておこなわれた開発私領の出現がこれである。かれらは、一族郎党や下人、さらには、浮浪人などを労働力に編成して開発を展開した。在地領主の館が開発の拠点であり、灌漑用水路が整備され、田畠の造成がはじまり、その周縁部に在家農民が定住する。かれらの開発は、ある時には、国司の許可を経て公的におこなわれ、またある時は、私的に実力で推進されることもあった。私的な開発の場合、国司は、公験のない不法な開発であると称し、その私領に検田使を派遣してこれを収公しようとした。

開発領主たちは、国司の収公をまぬかれるために、国司の意向を左右できる中央権門に手蔓を求めて開発地を寄進して荘園とし、在地における自己の地位保全につとめた。寄進の主体である開発領主は荘官となり、中央の権門貴族、大社寺は荘園領主となった。天皇家や摂関家を上級領主とすることもあったが、そのような時には、本家職―領家職―下司職という職の重層的な領有体系が形成された。

小稿で検討しようとする下野国足利荘の成立過程などは、その典型的な事例の一つということができよう。

足利荘の成立

足利荘は、足利郡の全域と安蘇郡の西部赤見郷にまたがる広大な荘園であった。この荘が立券されたのは、一一三七年（康治元）十月のことである（「安楽寿院領諸荘所済注文案」『栃木県史史料編中世4』所収）。源義国が、父義家から遺産として譲渡された下野国足利郡内の開発私領を、鳥羽上皇の御願寺である安楽寿院に寄進することによって成立した。義国は、現在の鑁阿寺の地に居館を設営し、郡内の開発を進め、国司の収公をのがれるために開発地を中央の権門に寄進し、かれは、下司職を保持したのである。康治元年における足利荘の田畠は、田九八丁七反一八〇歩、畠一〇六丁二反六〇歩であり、安楽寿院へは、国絹七一疋四丈、四丈白布二〇〇反、油五石が納められた。なお、一一五九年

（平治元）九月には、足利荘のほか八箇処の安楽寿院領への検非違使・国使らの入部と勅事院事大小国役を宛催することが停止された。

足利荘と鑁阿寺

平安末期、藤姓足利氏と源姓足利氏とが足利荘の領有をめぐって対立した。藤姓足利氏は俊綱―忠綱の代であった（『吾妻鏡』治承四年九月三十日条）。一方、源姓足利氏は義康―義兼の代であり、治承・寿永の内乱において源姓足利氏が頼朝派であったのに対し、藤姓足利氏は平家方に味方した（『吾妻鏡』治承四年十二月十二日条）。

一一八三年（寿永二）の野木宮合戦は、この対立に決着をつけることとなった。二月二十日、反頼朝の兵をあげた志田義広は三万余騎の軍兵をひきいて鎌倉をめざした。常陸から下野へ進出した義広軍は、野木宮の登々呂木沢・地獄谷において小山朝政軍と交戦して敗退した（『吾妻鏡』養和元年閏二月二十三日条）。このため、義広と同盟関係にあった藤姓足利氏の勢力は完全に没落し、源頼朝の鎌倉幕府創設に協力した足利義兼は、以後、鎌倉御家人としての存在を主張することとなった。

足利義兼は、一一九四年（建久五）十一月十三日、将軍家の繁栄を祈願して鶴岡八幡宮に一切経・両界曼荼羅を寄進した。一切経と曼荼羅は八幡宮の東廊に安置されて両界壇所と名づけられて供僧二名が施入されることとなった。この供僧は、足利氏の進止下におかれ、供料は毎年足利荘の公文所から送進されることとなった。一一九五年（建久六）三月から五月のあいだに出家した義兼は、鑁阿と号して足利の地に隠棲し、屋敷内に堀内御堂と呼ばれる持仏堂を造り、念仏三昧の日々を送ったといわれている。

一二三四年（天福二）足利義氏は、亡父義兼の菩提を弔うために、大日如来を安置する大御堂を建立した（「鑁阿寺樺崎縁起幷仏事次第」『栃木県史史料編中世1』所収）。大行事法橋上人位権律師重弘、大檀那従五位上左馬頭源義氏、大勧進伝灯大法師位阿闍梨了心らが造営工事の中心人物であった。一二四一年（仁治二）義氏は、足利荘公文所に供料、用途の調達を命じる下文を発した。この史料に、

一　三月八日御忌日事

右此御月忌用途者、恒例存知之勤也、而去年無沙汰之由被聞食、事実者、公文所寄人等緩怠也、太無其謂、早為公文所之沙汰、可被勤仕、但不可催人々、一向募所当、可為公文所之沙汰者、

一　五月廿九日故判官殿御忌日、六月十二日中尼御前御忌日、六月廿三日大尼御前御忌日　御忌日事

右此忌日用途者、高橋、木戸、小曽禰、田嶋郷々、先例令勤仕候歟、而無故怠慢之条、太以自由也、早任先例可勤催者、

とあることに注目すれば、義兼の忌日（三月八日）の用途は公文所の徴収した所当年貢のうちから、義康の忌日（五月二十九日）の仏事料は、荘内の高橋、木戸、小曽禰、田嶋などの郷々の負担によっ

てまかなう定めであったことがわかる（「仁治二年二月日足利義氏下文」『鑁阿寺文書』七〇）。足利荘の経営にとって公文所の占める割合がしだいに高まっていったのである。

義氏が一二四八年（宝治二）七月に発布した禁令には

堀内大御堂四壁之内、童部狼藉、市人往反、牛馬放入、三ヶ条事、各以承仕下部可令禁制、就中致当番之承仕下部者、不可出四壁、背此状致緩怠輩者、早可令改定也、此旨可令存知状如件、

とあり、境内における童部狼藉、市人（商人）往反、牛馬放入を禁止しているが、このことは、この付近が町場的様相を示し、足利荘の経済的中心になりつつあったことを物語っているといえよう（「宝治二年七月六日足利義氏置文」『鑁阿寺文書』七二）。なお、義氏置文の宛名は「堀内大御堂供僧中」であったが、一二五一年（建長三）の泰氏置文のそれは「鑁阿寺供僧中」となっている。鑁阿寺という寺号の史料の初見である。

一二六九年（文永六）四月、足利家時は鑁阿寺に対して七ヵ条の規則を定め、堂舎の守護を命じ、供僧らの緩怠を戒めた。家時置文の第七条に

一可停止御堂堀内牛馬放入雑人横行事
右堂舎廓内者清浄結界之地也、然間先年可停止雑人横行幷牛馬放入之由、被仰下云々、然近年猥雑人横行之間、動盗人得其便、仍仰付承仕下部、固可被禁遏、但於聴聞見物参堂之輩者非制限、

とある（「文永六年四月日足利家時置文」『鑁阿寺文書』八二）。鑁阿寺近辺の賑わいが年とともに盛んに

表1　足利惣領家の所領構造（倉持文書）

	所　　　　領	奉　　行　　人
Ⅰ群	足利荘(下野), 賀美郡(陸奥), 田井荘(河内), 広沢荘(上野), 垪和東郷(美作), 垪和西郷(美作), 讃甘荘(美作), 大佐貫郷(上野), 久多大見(山城), 放光寺(和泉), 黒田保(不明)	南右衛門入道(頼基), 駿河六郎二郎, 横瀬五郎入道, 粟飯原十郎, 醍醐三郎入道, 堀松三郎二郎, 寺岡太郎左衛門尉
Ⅱ群	上総国(守護職), 市東西両郡(上総), 朝平郡(安房), 愛甲荘(相模), 宮津荘(丹波), 友子荘(不明), 秋月荘(丹波), 稲岡南荘(美作), 土田上村(能登), 宮瀬村(相模), 賀治山村(不明)	三戸八郎左衛門入道(師澄ヵ), 寺岡左衛門入道, 彦部二郎左衛門尉, 海老名七郎太郎, 有木中務丞六郎, 源民部七郎, 村上助房
Ⅲ群	参河国(守護職), 額田郡(三河), 設楽郡(三河), 富永保(三河), 八田郷(丹波), 宇甘郷(備前), 漢部郷(丹波), 大田郷(丹波), 新野郷(美作), 田中郷(美作), 田邑郷(美作), 戸栗重富(筑前), 阿土熊(不明)	上椙三郎入道(頼重), 倉持新左衛門尉, 設楽太郎兵衛入道, 梶原太郎左衛門尉, 小島三郎, 有富三郎, 明石二郎左衛門尉, 大炊助

（注）地名人名の比定については，桑山浩然「室町幕府の草創期における所領について」(『中世の窓』12)，入間田宣夫「東北地方における北条氏の所領」(『日本文化研究所研究報告』別巻7)，『近代足利市史第1巻』による．

なる様子を瞥見することができよう。足利貞氏が落雷にあって炎上した大御堂の再建工事をはじめたのは一二九二年（正応五）十月のことであり、かれは、造営費百貫文を寄進して竣工を督励した。このように、堀内御堂から出発した鑁阿寺は、足利氏嫡流によって手厚く保護され、寺運の繁栄を保証されていったのである。

足利氏の所領構造

足利氏の所領は、下野足利荘を本貫の地として、全国各地に散在していた。そのおおよそは、永仁前後のものと推定される足利氏所領奉行人注文によって知ることができる（表1を参照）。この史料は、足利惣領家の所領が三群に分けられ、それぞれに奉行人が定められて（第Ⅰ群＝七人、第Ⅱ群＝七人、第Ⅲ群＝八人）、所領経営にあたっていたことを物語っている（「年月日未詳足利氏所領奉行人注文」『倉持文書』三六）。上総国・参河国の守護職をはじめとして、郡・郷・荘・村など各レヴェルの所領が十七ヵ国に散在していたのである。第Ⅰ群の筆頭奉行人は有力被官高一族の南頼基であり、第Ⅱ群のそれは三戸師澄と推定され、第Ⅲ群の筆頭奉行人は、尊氏の母清子の父上杉頼重に比定されている（表2参照）。南頼基は、足利貞氏の執事でもあった人物である。

では、足利氏被官の所領構造はどのようになっていたのであろうか。まず、第Ⅲ群の奉行人の一人である倉持氏の場合を例にとって考察してみよう。

倉持文書所収の足利家時下文に、

（家時）
（花押）

下　賀美郡内　穀積郷

補任　地頭代職幷足利内平右衛門入道跡

国府野屋敷壹所事

左衛門尉忠行

右以人為彼職、守先例可令知行之状、所仰如件、故以下、

表2　足利氏・高氏略系図

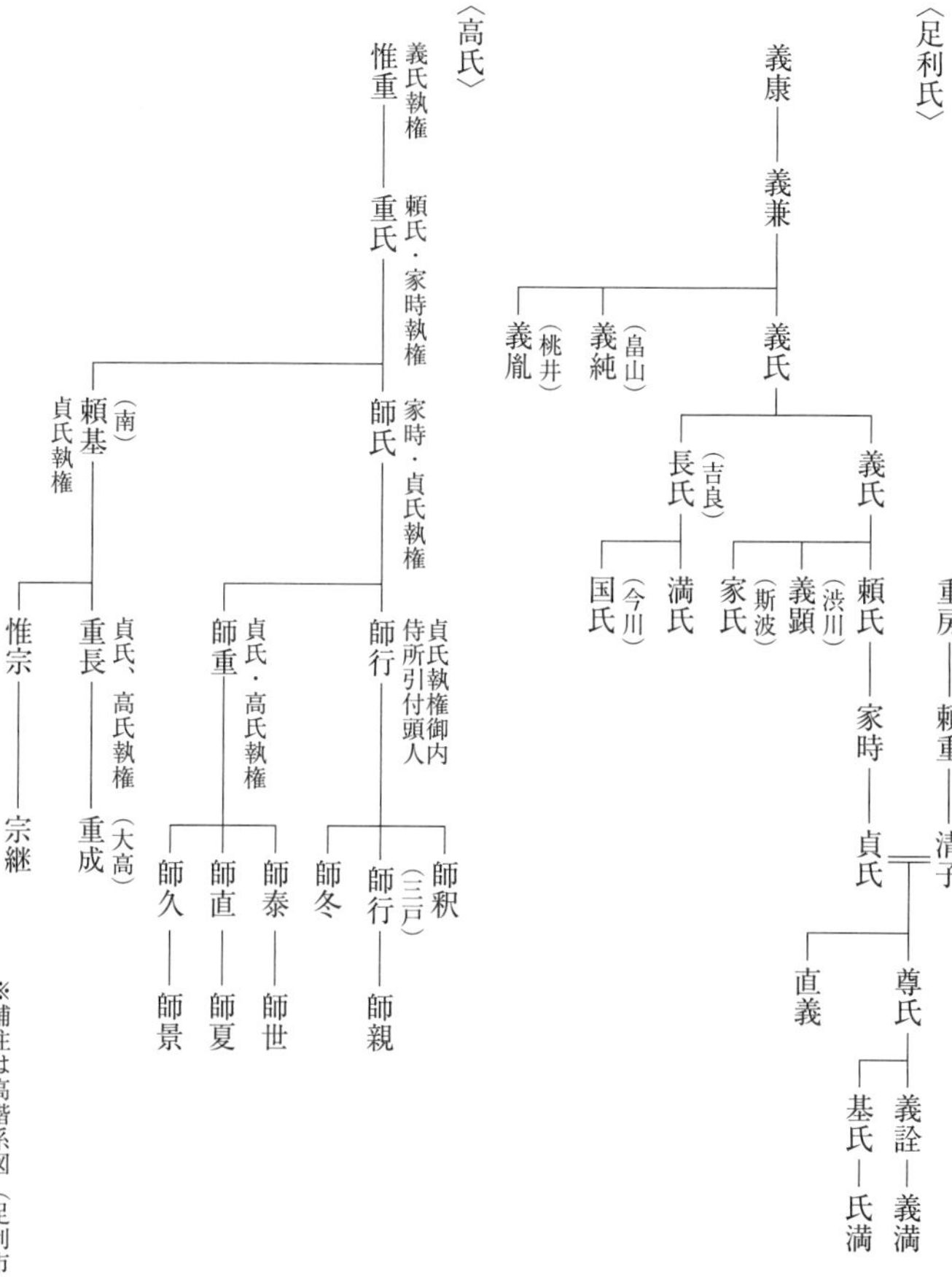

※補注は高階系図（足利市名草中町清源寺所蔵）による。

表3　13世紀末・14世紀初頭における倉持氏の所領（倉持文書）

陸奥国	加美郡内穀積郷，沼袋郷半分，中新田郷内屋敷田畠
上総国	市西郡内海郷，勝馬郷内小堤田畠
下野国	足利荘内国府野屋敷給田畠，赤見駒郷半分，木戸郷内屋敷一宇田一町，加子郷内屋敷田畠
相模国	鎌倉屋形地，屋形，宮瀬村
三河国	額田郡内萱薗郷一色，仁木郷内屋敷田畠，便(賞)寺屋敷田畠

（出典）倉持文書2，永仁4．3．11，足利貞氏下文．同3，乾元2．閏4．12，足利貞氏下文．同4，延慶2．6．16，足利貞氏下文案．同5，正安2．4．5，倉持家行譲状．同6，乾元2．閏4．12，足利貞氏下文．同8，延慶2．6．16，足利貞氏下文．同9，元徳3．6．7，倉持行円譲状．

文永三年四月廿四日

とある（「文永三年四月二十四日足利家時袖判万文」『倉持文書』一）。一二六六年（文永三）に足利家時が、倉持忠行を陸奥国賀美郡穀積郷地頭代に補任し、同時に、下野国足利荘内の国府野郷に屋敷壹所を与えたのである。忠行は穀積郷の給主として、主家足利氏の御料沙汰用途（毎月九百文）の進納を義務づけられることとなった。そして、一三〇八年（徳治三）五月二十八日の高師行奉書にみられるように用途対捍に対してはきびしい糾明がおこなわれている。十三世紀後半から十四世紀前半にかけて、倉持氏は忠行（正応五年三月三日譲状）→家行（正安二年四月五日譲状）→師経・師忠へと所領を譲渡し、足利貞氏は袖判下文の安堵状を発給して、これを承認している。このころの倉持氏の所領は表3のごとくである。それは、惣領制的分割相続による所領の存在状況を典型的に示すものといえよう。ところで、倉持氏が屋敷一宇と田一町とを給与された足利荘内木戸郷には、木戸氏が地頭代職を持つ給主として存在していたことが知られている。足利高氏安堵状には、

下野国足利庄木戸郷并陸奥国賀美郡青塚郷、鎌倉屋地等事、守外祖父木戸左近大夫家範知行之例、可被安堵領掌之状如件、

元徳四季二月廿九日　（足利高氏）（花押）

木戸宝寿殿

とある。おそらく、木戸郷は、木戸氏にとって重代相伝名字の地であったろう。足利氏が本領給主の存在する郷に、あえて、被官の屋敷給田を設定したのは、いかなる理由によるのであろうか。所領の管理と運営、農民支配の強化策であったと同時に、被官相互の監視態勢でもあったのではなかろうか。散在所領の有機的支配と被官の統制を可能にした政治的・経済的要因がここに存したのであり、それは内乱期をのりきる強力な軍団編成を実現させた鍵でもある。

つぎに、足利氏の領国上総市東西両郡（市原郡）山倉郷を本拠とする粟生氏の場合をみてみよう。一二八一年（弘安四）十一月五日の足利家時袖判執事高重円奉書は、三河国額田郡公文所に対して、同郡秦利子郷を不輸の地として給主某に給与したことを通達している。一三〇五年（嘉元三）八月十四日の足利貞氏袖判下文には、

（足利貞氏）（花押）

下　粟生四郎入道

可令早如元領知参河国額田郡秦利子郷司職事

右以人、任先知行之例、可令郷務領掌之状、所仰如件、

とある。先の史料の給主某は粟生氏であり、秦利子郷郷司職が不輸地の内容であったことがわかる。足利貞氏が粟生四郎入道に郷司職を安堵したのである。一三一四年（正和三）三月二十八日の粟生敬願譲状によると、粟生氏は「額田郡内秦利子郷幷梅藪屋敷給田、足利庄寺岡郷内屋敷給田」を知行していたことが知られる。所領の構造は、倉持氏の場合と同様であるといえよう。粟生氏が足利荘内に屋敷と給田を保持する寺岡郷には、本領主として寺岡氏が存在していたことはいうまでもない。木戸郷における木戸氏と倉持氏、寺岡郷における寺岡氏と粟生氏の同時的存在の理由は、倉持氏の場合で検討したように、ここに、足利氏による家臣団編成の原理が貫徹していたことは明らかである。十三世紀中葉以降、鎌倉亀谷に本拠を占めた足利氏にとって、足利荘公文所・額田郡公文所などは、所領と被官とを統制するための在地における重要な支配機関であった。

内乱と足利一族

内乱の開始とともに

南北朝内乱は、日本全国を激動の坩堝に投げこんで展開した。足利荘内の各郷からも武将が出陣し、足利武士団を構成して各地を転戦した。足利氏は鎌倉御家人から一挙に室町将軍へと飛躍する。

一三三一年（元弘元）八月、後醍醐天皇の討幕運動が具体化した。天皇は笠置に布陣し、近隣の土豪・野伏らに参戦を呼びかけた。これに応じて、九月には、楠木正成が赤坂城において挙兵した。これらの動きに対して、鎌倉幕府は、大仏貞直、金沢貞冬らに二十万の兵士をつけて進攻させた。この時、足利高氏も動員されたが、九月五日に父貞氏を失い、その仏事も終わらぬうちの動員は、高氏の心を北条氏から離反させた決定的要因となった。この時の合戦は、幕府軍の大勝利に帰し天皇は隠岐へと流刑に処せられた。一三三二年（元弘二）暮れから翌年にかけて、護良親王、楠木正成、赤松則村らの軍勢が畿内の各地で再挙した。鎌倉幕府は、またもや大軍を派遣し、京都大番役を勤仕中の武蔵・上野・下野の御家人たちを加えて、吉野・赤坂・千早の各城々を包囲した。しかしながら、正成や護良親王の令旨に応じた野伏らの行動に支えられて、千早城は陥落せず、逆に、六波羅軍を不利な情勢へとおいこんでいったのである。

このような戦局を一挙に挽回するために、幕府は、北条一門の名越高家と足利高氏とを大将軍として、大軍を西下させた。三月二十七日、高氏は妻登子と千寿王（のちの義詮）を人質におき、一族被官三千余騎をひきいて鎌倉を出発した。根本被官高氏や木戸氏・倉持氏・上杉氏らが高氏に従った。高氏は領国三河の矢作宿において、北条氏からの離反を決意し、密使を後醍醐天皇のもとに送った。四月十六日に入京、四月二十二日には岩松経家にあてて、北条氏追討のための挙兵を催促する書状を発している（『正木文書』）。四月二十七日、高氏は山陰道を伯耆にむけて出京したが、山陽道にむかった名越高家が赤松則村との合戦で戦死したことを知るや、丹波篠村に布陣し、後醍醐天皇との密約に従って反幕府の旗色を鮮明にした。そして、陸奥の結城宗広、信濃の小笠原貞家、さらには遠く薩摩の島津貞久ら、全国の有力武将に自軍に参加してくれるようにとの軍勢催促状を発した。五月七日、高氏の軍勢は京都に突入した。つづいて赤松・千種の軍勢も攻撃を開始し、翌日には激戦のすえ六波羅軍を壊滅しさった。高一族の大高重成は、六波羅軍の陶山・河野らと一戦をまじえた。そのさい、かれは「八幡殿ヨリ以来、源氏代々ノ侍トシテ、流石ニ名ハ隠レナケレ共、時ニ取テ名ヲ知ラレネバ、然ルベキ敵ニ逢難シ、是ハ足利殿ノ御内ニ大高二郎重成ト云者也」と高声に名乗ったといわれている。かれが「足利殿ノ御内」と名乗ったことに注目したい。高階系図の師行の項に「貞氏執権、左衛門太良　御内侍所　引付頭人」と記載されていることとあわせ考えれば、足利氏も北条得宗家と同様、被官を統率するための独自の機構を保持していたこととなる。高氏は、六波羅を陥落させるや、ただちに奉行所を設けて、諸国の武将たちを、かれのもとへと吸収しはじめたのである（『日根野文書』・『香宗我部文書』）。

一三三三年（元弘三）六月、京都に帰った後醍醐天皇は、まず持明院統の後伏見・花園両上皇の所領を安堵し、公家・寺社などの所領を安堵し、つづいて討幕の功労者への除目をおこなった。鎌倉幕府崩壊による混乱状況を鎮静させ、天皇親政の実を示さんがためである。高氏は討幕功労の第一人者として内昇殿を許され、六月五日に鎮守府将軍に、十二日に従四位下左兵衛督に、そして八月五日には、従三位となって武蔵守を兼ね、天皇の偏諱を与えられて「高」氏を「尊」氏と改めた。そして、伊勢国柳御厨、尾張国玉江荘、豊前門司関（泰家跡）など三十ヵ所の所領を与えられた。弟直義も左馬頭となり、相模国絃間郷など十ヵ所の所領を得ている。これらの所領のほとんどは、旧北条領であり、鎌倉幕府の崩壊とともに没収されたものであった（表4）。

表4　足利氏新恩所領（比志島文書）

足利尊氏分	柳御厨（伊勢），玉江荘（尾張），池田荘（遠江），泉荘（駿河），佐野荘（駿河），仁科（伊豆），宇久須郷（伊豆），糟屋荘（相模），田村郷（相模），治須郷（相模），久良郡（武蔵），足立郡（武蔵），麻生郷（武蔵），重原荘（三河），小山辺荘（三河），二宮荘（三河），田中荘（常陸），北郡（常陸），池田荘（近江），岸下御厨（近江），小泉荘（信濃），外浜（陸奥），糠部郡（陸奥），上田荘（陸奥），六斗郷（佐渡），筑前国，門司関（豊前），健軍社（肥後），富荘（日向），嶋津荘（日向）
足利直義分	絃間郷（相模），懐嶋（相模），奈古谷（伊豆），赤塚（武蔵），那河東（常陸），谷和郷（遠江），宇狩郷（遠江），下西郷（遠江），久米良郷（伊予），広瀬荘（近江），高野（備後），垂水郷（播磨），城山（備後），羽持郡（佐渡），吉岡（佐渡）

後醍醐天皇の建武政権は中央機関を整えるとともに、地方行政機関として各地に国司と守護を併置し、とくに奥羽と関東を重視して奥州将軍府と鎌倉将軍府とを設置した。この年の十月二十日、陸奥守北畠顕家が義良親王を奉じて陸奥の国府多賀城へと出発し、十二月には、相模守足利直義が成良親王とともに鎌倉へ下向し、鎌倉将軍府を開設した。翌年正月、関東十ヵ国を管轄するために関東廂番を置いた（「建武年間記」『群書類従』雑部）。鎌倉将軍府は後醍醐天皇の奥州将軍府構想に対する尊氏のまき返し策であるといわれている。このため、奥州将軍府へ吸収されつつあった東国の武

将の多くが鎌倉府へ集まることとなり、「万人アヘテ京都ニ帰伏セズ」という状況となった（『梅松論』）。直義によって廂番に組織されたのは、渋川義季・仁木義長・河越高重・岩松経家・上杉憲顕・同重能・石塔範家らであった。

一三三五年（建武二）七月、北条高時の遺子時行が建武政府に対して反旗をひるがえした。諏訪頼重に擁立された時行は、信濃守護小笠原貞宗の軍を破り、たちまちのうちに信濃一国を手中に収め、鎌倉をめざして進撃を開始した。時行軍と足利軍とは武蔵女影原、小手指原、府中において激戦を展開した（『梅松論』）。怒濤の如き時行軍の進撃をくいとめることができず、足利直義が鎌倉を放棄したのは七月二十五日のことであった。直義は成良親王、義詮とともに三河矢作宿まで敗走した。

足利尊氏が直義らの救援のために京都を出発したのは八月二日のことであった。この時、在京の武士の多くが尊氏に従ったといわれている。これは、尊氏が建武政府の中枢に加わることなく、奉行所を開いて地方武士を傘下に収めつつあった効果のあらわれであったといえよう。尊氏は直義と合流してのち、八月九日には橋本で、十二日には小夜中山で、十四日には駿河国府で時行軍を破り、箱根・相模川の合戦で勝利をえたのち、十九日には早くも鎌倉を奪回した。この時、小野寺顕通は下野から武蔵長井渡に馳参した。小野寺氏は、内乱の過程で尊氏軍団へ吸収され、のち被官として活躍することとなる（表5）。

鎌倉を回復した尊氏は、若宮大路の旧幕府跡に居館をかまえて征夷大将軍を自称し、八月二十七日には、鶴岡八幡宮に武蔵国佐々目郷を寄進した（『鶴岡八幡宮文書』）。時行討伐の将士に対する恩賞は京都において綸旨をもっておこなうとの命令を無視して、尊氏は、九月二十七日には供奉の武士たちに恩賞を与えはじめた。「勲功之賞」として、三浦高継に相模国大介職をはじめ各地の所領を与え、「合戦討死之賞」として倉持左衛門入道の子孫に信濃国香坂村をあてがった（『倉持文書』）。こうして、尊氏と後醍醐天皇との不和は決定的となっていく。一三三五年の暮から翌年にかけて、足利軍、新田軍、北畠軍が東海道を上下し、正月には、京都において足利方と後醍醐方との間で激戦がくりかえされた。尊氏は、一三三六年（建武三）正月の京中合戦に敗北し、いったんは九州へと逃走したが、多々良浜で菊池軍を破って頽勢を急速にもりかえし、四月に東上をはじめ、ついに五月には湊川合戦において楠木軍を壊滅させるにいたった。

表5　足利氏被官小野寺氏の所領
（小野寺文書）

暦応元（1338）．6．18，小野寺通氏譲状
下野都賀郡小野寺７ヵ村 （重代相伝名字の地） 下野安蘇郡佐野荘内小中郷・堀籠郷 下野足利郡足利荘内河崎３ヵ村 下野牧野12ヵ村
宝徳２（1450）．5．3，小野寺朝通譲状
下野都賀郡小野寺保７ヵ村 下野安蘇郡佐野荘内 小中郷・堀籠郷・古江郷・ 青柳郷・淵郷・三谷郷 下野足利郡足利荘内 河崎郷田島村内徳応寺分・ 鵤木郷大平方・稲岡郷山名方・ 西庭分・芳次塚・泉郷 下野牧野荘２郷10ヵ村

　ところで、都落ちというきわめて困難な情況を逆転させ、勝利を呼びこむことはなぜ可能であったのだろうか。それを可能にしたのは、全国各地の足利家領から尊氏の

もとに送られてくる正確で豊かな情報ではなかったろうか。全国各地の武士たちが、いまや何を期待し、どのような動きを展開しつつあるのか、そのような報告が、全国各地にはりめぐらされた情報網を通じて尊氏のもとへと送られていたのである。これらの情報を分析し、正しい施策を打ちだし、それを断固として実行していくこと、これが逆転劇を可能にした条件であった。敗走の途中、兵庫において元弘没収地返付令を発して味方武将の動揺を鎮めたこと（『小早川家文書』）、播磨室津の軍議で中国・四国地方の軍事力の再編成をおこなったこと（『梅松論』）、備後鞆津において光厳上皇の院宣を得たこと、将来を展望したこれらの施策は、豊かな情報蒐集と正確な状況判断の結果であり、尊氏の政治力を雄弁に物語るものといえよう。とくに、四国に細川和氏と顕氏、安芸に桃井義盛と小早川一族、長門に斯波高経と守護厚東武実を配置し、国の大小に応じて武具と兵粮米の準備を命じた室津の軍議は重要である。足利一族と当該地域の豪族とを適宜組み合わせたこの配置は、佐藤進一氏の指摘のごとく、反撃のさいの拠点づくりであったのみならず、室町幕府守護体制の原型の創出であった（『南北朝の動乱』）。九州地方の情報は、豊前門司関（北条泰家→尊氏。表4）において蒐集され、尊氏のもとに送られていたのではなかろうか。この年六月に入京した尊氏は、後醍醐軍との激戦のすえ、天皇の拠った山門を孤立化させ、八月には、光明天皇の擁立を宣言した。十月、尊氏は後醍醐天皇に還幸を申し入れ、十一月には「建武式目十七ヵ条」を制定して、室町幕府の創建に着手したのである。

観応擾乱のなかで

十四世紀の四十年代、室町幕府の勢力は南朝方をほぼ圧倒したかにみえたが、貞和年間に入るや、幕府内部の権力闘争が顕在化した。一三四九年（貞和五＝正平四）から一三五二年（文和元＝正平七）にかけて、幕府中枢部が分裂し、それによって内乱が全国化し、深化したのである。足利尊氏と直義による将軍権限分割の持つ矛盾が乱発生の根本原因であり、新興武士団の実力による旧体制打破を承認した尊氏執事高師直の急進的行動がこの矛盾をいっそう拡大させたのである。

一三四七年（貞和三＝正平二）に室町幕府軍が河内・和泉の南軍と対決した時、直義派の細川顕氏・山名時氏の軍勢が敗退したのに反して、翌年正月、楠木正行らの南軍を破り吉野の攻略に成功した師直の声望が急速に高まった。直義は師直の勢力伸張を恐れ、一三四九年（貞和五）閏六月、光明天皇に政道振粛を奏上して師直派をしりぞけようとし、尊氏に対して師直の執事職罷免を強請した。この動きに対して八月、師直は自派を京都に結集し、直義が逃げこんだ尊氏邸を囲み、直義の政務（評定・引付・安堵方・問注所の支配）の罷免、直義派で師直を讒言した上杉重能・畠山直宗・僧妙吉の流刑、成人した義詮を関東から上洛させて政務にあたらせることなどを要求した。両派の対立は、夢窓疎石の調停によって一時的な和解をとげたが（『師守記』貞和五年八月二十五日条）九月には破綻し、十月、義詮が鎌倉を発して入京し、三条坊門の直義邸に入ると直義は錦小路堀川の細川顕氏邸に移り政務のすべてから手をひき、十二月には出家して慧源と号した。義詮にかわって鎌倉へ下向したのは、尊氏の次子基氏であり、上杉憲顕と高師冬とが執事として派遣された。

一三五〇年（観応元＝正平五）十月、尊氏・師直らは、直義の養子で中国・九州方面で威勢を振るう直冬を討つために西下した。この間隙をぬって直義は大和に赴き、北畠親房を介して南朝方と結び、師直・師泰追討の兵を募った。山名時氏・斯波高経らを傘下に加えて勢力を挽回した直義は、翌年正月、義詮を京都から追放した。

関東においても、直義の呼びかけに応じて一三五〇年十一月、上杉能憲が常陸信太荘で旗をあげ、十二月には、基氏の執事上杉憲顕が鎌倉を出て領国上野において挙兵した。十二月二十五日、高師冬は憲顕を討つため、基氏を擁して上野へとむかった。しかし相模国愛甲郡毛利荘湯山にさしかかった時、突如として近臣らが基氏の身柄を奪って憲顕方に投ずるという事件が発生した。基氏の身辺警固にあたっていた三戸七郎（師親）・彦部次郎・屋代源蔵人らが討たれた。形勢は一挙に逆転し、反逆者として師冬は甲斐須沢城におしこめられ、上杉憲将ら直義派の攻撃をうけ自刃して果てたのである。一三五一年（観応二）一月十七日のことであった。この経由は、甲斐一蓮寺の時衆僧によって、兵庫にいる高師直のもとに伝えられたのである。

このころ、畿内の各地において、尊氏派と直義派の全面的な武力衝突が展開していた。一三五一年二月、関東の兵をひきいた上杉能憲が入京するや、直義派の勢力は急速に増強され、二月十七日、摂津打出浜の合戦において、尊氏方を敗北させた。打出浜の激戦により、高師直・師泰らは重傷をおい、兵庫から船で師冬のいる鎌倉まで逃亡しようと相談するほどであった。この時、甲斐から一人の時衆僧が到着し、先述した関東の状況を知らせてきたのである。この知らせをうけた師直らの落胆は大きく、薬師寺公義の抗戦すべきであるとの諫言にも耳をかたむけることなく降伏を決意したのである。二月二十二日、尊氏は饗庭氏直を八幡の直義本陣につかわし、師直・師泰らの出家を条件に和談を申し入れた。和議成立ののち、師直らは一族家人百人ともども出家し、尊氏とともに帰洛することとなった。この時、師直は禅僧衣を、師泰は念仏者の裳無衣を着していたという（『観応二年日次記』二月二十六日条）。しかしながら、行列が武庫川鷲林寺の前にさしかかった時、待ちうけていた上杉能憲（重能の養子）らがこれを襲い師直らを誅戮した（『園太暦』観応二年二月二十七日条）。

打出浜の勝利の結果、直義は義詮の政務を後見することとなった。しかし、内訌は鎮静せず、両派の対立は続き、しだいに激化していった。この間、五月には、南朝との和議が破れ、南軍は京都奪回をこころみ、その対応などで、幕府中枢は再び分裂した。七月、直義は自ら政務の返上を申し入れたが状況は好転せず、事態は悪化の一途をたどった。このころ、細川頼春・仁木義長・赤松貞範・佐々木道誉らが京都をあとにして領国へと去った。七月二十八日、尊氏は近江へ去った道誉を討つと称して京都を出発し、義詮は、また、南朝に帰順した赤松則祐を攻撃すると称して播磨へむかった。これは、尊氏と道誉、義詮と則祐とのあいだで事前に示し合わせた行動であり、京都をいったん直義派の手に渡したのち、近江・播磨の両国から、京都を挟撃しようとした策であることは明白である。七月晦日、身の危険を感じた直義は、桃井直常・山名時氏・足利高経ら数千騎をひきいて北国へと逃れた(『園太暦』観応二年八月一日条)。若狭の守護山名時氏、越中の守護桃井直常、越後の守護上杉憲顕らはともに直義派であった。自派の守護でかためた北国へいったん落ち着き、のち、上野の上杉氏、信濃の諏訪氏の助けをかりて鎌倉へむかうというのが直義派の構想であった(『太平記』三十)。九月、近江の合戦で敗れた直義は、上杉憲顕をたよって関東にむかい、十一月には鎌倉へ入った。一方、尊氏は、直義追討の綸旨を得るために南朝と和睦し、十月下旬には、東国各地の武将たちに参陣を呼びかけた。十一月四日、京都を義詮に託して尊氏は、仁木頼章・畠山国清・高南宗継らをひきいて東国へと出発し、途中、直義派との交戦をくりかえしつつ、十二月には駿河に到達した。そして、駿河手越宿から岡本良円を関東諸豪族のもとにつかわし、出兵を要請した。良円は敵中を突破して下野にいたり、小山氏、宇都宮氏に出兵を承諾させ、ついで、常陸にむかって佐竹貞義を説得した。十二月十一日から十三日にかけて、由比・蒲原で両軍の合戦がくりかえされ、ついに、尊氏軍は、薩埵山において直義軍を破り、一三五二年(文和元=正平七)正月鎌倉に入り、二月に直義を毒殺して擾乱に終止符を打ったのである。

観応擾乱は、幕府の有力武将を真二つに分裂させて展開しただけに、その余波も大きかった。乱ののち、直義派の守護が一掃された。武蔵では仁木頼章が守護となり、相模では直義派の三浦高通にかわって川越直重が守護となった。伊豆では、石塔義房から畠山国清への交替があり、上野では直義派の中核であった上杉憲顕にかわって、宇都宮氏綱が守護となった。二月、尊氏は直義派被官の所領を没収して、忠功を励んだ味方の武将にこれを与えた。高師業は、足利荘内の大窪郷・生河郷・戸森郷・小江郷を与えられている（正平七年二月六日足利尊氏下文）。観応擾乱ののち、関東では、鎌倉公方足利基氏、執事畠山国清、高南宗継という新しい体制が成立した。

室町期の足利荘

足利荘は、将軍足利氏名字の地であったから、尊氏以下代々の将軍は、これを直轄所領として重視した。尊氏・義詮の時代には、鎌倉公方足利基氏に管理させた。基氏は一三六二年（貞治二）九月には禁制を発して、鑁阿寺領における濫妨狼藉を禁じ、同年九月五日には

於鑁阿寺領者、自本願之御時、公事所役等悉以被免許之処、今度始而宛仰楯板之由、衆徒等歎申、事実者無謂、任先規、云恒例、云臨時、於公事者、一切可令停止於催促之状如件、

という御教書を足利公文所に発給して、寺領の保全を命じている（『鑁阿寺文書』）。しかし、南北朝内乱期から室町期にかけて、足利荘内においても各郷の地頭らの独立運動や、在地領主相互の抗争がたえず発生し、荘内にはさまざまな波紋が広がっている。一三四四年（康永三）十二月の鑁阿寺雑掌申状によれば、足利荘内涌釜郷・小曽根郷・木戸郷・葉鹿郷・朝倉郷・荒萩郷などの地頭らによる仏事

用途の未進懈怠が発生している。一三五三年（文和二）の足利基氏御教書によれば、足利荘内の町・村上郷・荒萩郷・産河郷に、太平修理亮・小嶋左衛門尉・那須弾正左衛門尉らが乱入したことが知られる。一四〇六年（応永十三）には、足利荘山河郷内観音堂俗別当職・散在免田畠をめぐって進士氏行と三戸次郎との間に競望が生まれ荘内は混乱した。

足利義満・義持の時代、足利荘の管理にあたったのは、鎌倉公方氏満・満兼であり、満兼が死去してのちは、幕府によって直接管理された。室町幕府の管領が、その家臣のなかから、その任に耐えうるものを代官として派遣したのである。一四一七年（応永二十四）の管領細川満元施行状には、

進士九郎左衛門尉重行申、下野国足利庄山河郷内観音堂俗別当職、散在田畠等事、訴状具書如此、早可沙汰付下地於重行代之状如件、

応永廿四年十一月三日

香河帯刀左衛門尉殿

とあり、細川満元は、家臣香河元景に重行代への下地打渡しの執行を命じている（「猪熊信男氏所蔵文書」）。一四一八年（応永二十五）から一四二〇年（応永二十七）にかけての代官は香河元景であり（「鑁阿寺文書」）、一四二二年（応永二十九）の代官は、畠山満家の家臣神保慶久であった。

『満済准后日記』応永三十年六月五日の条に

畠山修理大夫自足利庄代官神保方注進トテ持参、予同一見之、五月廿五日八日間必為常陸小栗以

下悪党対治、武蔵辺マテ可有御発向、此由内々可被注進申旨、長尾尾張守書状於神保方へ遣之、其状案文ヲ相副注進之了、

とある。この記事から、鎌倉公方足利持氏による京都扶持衆小栗満重討伐に関する情報が、いち早く、足利荘代官神保慶久によって幕府へ通報されたことがわかる。おそらく、足利荘に下向した代官を経由して、関東の情勢、とくに、鎌倉府の動静は逐一幕府のもとに報告されていたであろう。十四世紀末から十五世紀をつうじて、室町幕府が、足利荘を重視し、管領の有能な家臣を下向させた理由は、名字の地であることはもちろんであるが、関東における政治動向を蒐集する情報源としてであったろう。経済的というより、政治的意味において、足利荘は存続の意味があったのである。だからこそ、永享年間に足利持氏が足利荘の直接管理にのりだすや、将軍義教との間は一挙に不和となった。満済准后は、

当御代関東不儀以外候哉。已御料所足利庄お為始、京都御知行所々不残一所悉押領、次御代初最前可進使節処、于今無其儀、次那須、佐竹、白河以下京都御扶持者共、可加対治旨加下知、已合戦及度々了。雖然此方堅固故ニ于今無為、是併又京都御扶持ノ儀ニ依テ、奥者共悉致無二忠節也。仍関東挿野心、京都へ可罷上結構雖在之、奥者共不及同心、剰及合戦間自然遅引了。

と、関東の情勢を記している（『満済准后日記』永享三年三月二十日条）。永享の乱勃発の要因のひとつがここにある。かくして、義教は持氏討伐を実行したのである。

永享の乱後、上杉憲実が足利荘の管理にあたった。荘内には、足利学校があり、全国各地から学生たちが研修のために来校した。憲実は、一四三九年（永享十一）閏正月に閲書条目を、一四四六年（文安三）六月には講筵の規式を定めた。

山内上杉氏の時代、譜代家臣大石氏が現地に下向して管理にあたった。一四五四年（享徳三）のころの代官は大石重仲である。ところで、同年十月二十八日の鎌倉公方成氏の御教書には

鑁阿寺雑掌申、下野国足利庄内当寺領所々事、肝要者、不可准自余間、可止是非之綺旨　以前両度固被仰之処、不能承引云々、頗招其咎歟、所詮早速可停止押妨之儀、若猶不応　上裁者、可有其咎由、所被仰下也、仍執達如件、

　享徳三年十月廿八日　　前下野守（花押）

　　　　　　　　　　　　佐衛門尉（花押）

　　大石駿河《（重仲）》守殿

とある（「鑁阿寺文書」）。足利成氏と上杉憲忠との対立が、現地において再生産されているといってよかろう。一四六六年（文正元）長尾氏が入部するや、足利荘はその支配下に入ったのである。

おわりに

以上、足利荘の成立と展開について、主として、足利氏および被官の所領構造、内乱と足利一族の関係などに焦点をおいて概述した。史料の残存状況に規定されているとはいえ、分析方法の不十分さにより叙述は足利氏および被官層の動向にのみ終始してしまった。足利荘各郷の動向を支配の側からでなく、抵抗の視点から検討できるのは十六世紀に入ってからであり、その関連史料もわずかである。

一五五五年（天文二十四）の葉刈郷における百姓らの年貢難渋（『県文書』）、一五六〇年（永禄三）の寺岡郷における百姓らの年貢公事未進闘争が知られている（『小野寺文書』）。寺岡郷の場合には、年貢公事未進の農民に対して「若於此上も弥百姓等令難渋候者、可被預置別人義、不可有相違候」と領主佐野昌綱は給人小野寺景綱に命じている。耕作田地の没収に抗して、寺岡郷の農民たちは年貢未進闘争を展開していたのである。一五八五年（天正十三）の橋本郷の年貢減免闘争において、農民たちは「百姓申状」を作成して領主支配の不備、契約不履行を指摘して戦っている（『鑁阿寺文書』）。しかしながら残念なことには、かれらが闘争の展開にさいしていかなる形態で結束をかためたのか、結集の場はどこであり、どのようにして形成されたのかを物語る史料はないのである。足利荘の農民動向を文献史料からのみ検討することはほとんど不可能である。領主支配が、きわめて強固に貫徹していたことの証左であろう。足利荘内における給主屋敷と在家のあり方、村堂を含む小寺社の存在、金石文や伝承などの蒐集などを通じて、問題を一つ一つ具体的に検討する以外に方法はない。そのさい、足利荘をふくむ地域社会を、階級的観点を貫きつつ交通路、宿駅、町場、川野、耕地のあり方などから総合的に把握することが不可欠の前提となろう。足利氏が全国各地に散在する拠点からよせられる情報を蒐集して、政策の決定をおこなっていたことは明らかである。下野足利荘の存在と、そこからの情報は、室町幕府が東国の政治情勢を把握するためには絶対に必要なものであった。全国にはりめぐらされた情報網の拠点の一つとして足利荘を位置づけ、その管理と運営について研究を深めなければならない。今後の検討課題である。

南北朝内乱略年表

西暦	和暦	事項
一三〇一	正安三	3 鎮西探題、海賊鎮圧の方策を立案。
一三〇三	嘉元元	6 鎌倉幕府、夜討・強盗・山賊・海賊らの流刑を斬罪に変更。
一三〇八	延慶元	9 尊治親王立太子。
一三一四	正和三	9 東寺領播磨国矢野荘で悪党蜂起。
一三一五	正和四	3 鎌倉大火、幕府政所・問注所など焼失。
一三一七	文保元	4 鎌倉幕府、両統迭立を提案（文保の和談）。
一三一八	文保二	2 後醍醐天皇即位。5 北条高時、蝦夷平定により、称名寺の祈禱を賞す。
一三一九	元応元	春、鎌倉幕府、悪党追補のため、山陽・南海両道十二ヵ国に使節を派遣。
一三二一	元亨元	12 院政廃止。天皇親政とし、洞院実泰・吉田定房らを伝奏とする。記録所を再興。
一三二二	元亨二	春、陸奥において安東氏反乱。北条高時、鎮定のために派兵。
一三二四	正中元	9 六波羅探題、後醍醐天皇の討幕計画を察知（正中の変）。

＊②は閏2月

一三二五	正中二	8 夢窓疎石、南禅寺住持となる。
一三二六	嘉暦元	3 鎌倉幕府、工藤祐貞を陸奥に派遣。北条高時出家、崇鑑と号す。佐々木高氏出家、道誉と号す。
一三二七	嘉暦二	4 東大寺衆徒、伊賀国黒田荘の悪党を訴える。12 尊雲法親王、天台座主となる。
一三二九	元徳元	8 北条高時・疎石を円覚寺住持とする。
一三三〇	元徳二	6 朝廷、洛中の米価を定める。9 北畠親房出家。
一三三一	元弘元	この年、楠木正成、和泉国若松荘に乱入し、兵糧米を徴発。8 元弘の変。
一三三二	元弘二・正慶元	3 鎌倉幕府、後醍醐天皇を隠岐へ流す。11 尊雲法親王、還俗して護良と改め、吉野で挙兵。楠木正成も、呼応して千早城に挙兵。
一三三三	元弘三・正慶二	1 赤松則村、播磨で挙兵。② 後醍醐天皇、隠岐を脱出。4 足利高氏、天皇に応じて丹波で挙兵。5 鎌倉幕府滅亡。8 後醍醐天皇、諸将の論功行賞。10 北畠顕家、義良親王を伴い奥羽へ下向。12 足利直義、成良親王を伴い鎌倉へ下向。
一三三四	建武元	1 大内裏造営の計画を発表。8 二条河原の落書。東寺領若狭国太良荘の農民ら地頭代官の非法を訴える。
一三三五	建武二	7 中先代の乱。12 新田義貞、尊氏と箱根竹ノ下で戦い敗れて西走。東大寺領美濃国大井荘の農民ら、一味同心して軍勢の横暴を訴える。
一三三六	建武三・延元元	5 湊川の合戦。11 足利尊氏、室町幕府を開き、建武式目を制定。12 後醍醐天皇、吉野へ（南北朝の分裂）。
一三三七	建武四・延元二	1 北畠顕家陸奥霊山に拠る。3 越前金ヶ崎城陥落。

一三三八	暦応元・延元三	9 義良親王、宗良親王、北畠親房・顕家ら、伊勢を出航。東国へ航行中に遭難。
一三三九	暦応二・延元四	8 後醍醐天皇没（52）。10 尊氏、暦応寺（天龍寺）を創建。秋、北畠親房『神皇正統記』を著す。
一三四〇	暦応三・興国元	10 室町幕府、延暦寺衆徒の訴えにより、佐々木道誉父子を配流。
一三四一	暦応四・興国二	12 高師冬、常陸関・大宝城を攻撃（→一三四三年十一月落城）。天龍寺船を元へ派遣。
一三四二	康永元・興国三	9 土岐頼遠、光厳院の車に矢を射る。
一三四八	貞和四・正平三	1 楠木正行、高師直と河内四条畷に戦い敗死。
一三四九	貞和五・正平四	6 京都四条で橋勧進の田楽桟敷倒れ、死傷者多数。⑥ 足利直義と高師直不和。9 足利基氏、鎌倉公方となり鎌倉へ下向。12 足利直義出家。
一三五〇	観応元・正平五	10 直義、京都を脱出して大和へ赴く。12 南朝、直義の帰服を許す。この年、倭寇、高麗沿岸を侵す。
一三五一	観応二・正平六	2 高師直、師泰出家。上杉能憲に殺される。7 足利義詮、直義と不和。8 直義・北陸へ逃れる。9 疎石没（77）。
一三五二	文和元・正平七	2 尊氏、直義を殺害。② 新田義宗ら宗良親王を奉じて上野に挙兵。7 室町幕府半済令を発布。
一三五三	文和二・正平八	6 楠木正儀、石塔頼房ら入京。義詮近江へ逃れる。
一三五六	延文元・正平十一	8 佐々木道誉、所領を京都金蓮寺に寄進。元弘以来の敵味方戦死者を供養。

一三五八	延文三・正平十三	4 足利尊氏没(54)。10 新田義興、足利基氏に謀られて武蔵矢口渡で自殺。
一三五九	延文四・正平十四	8 懐良親王ら、少弐頼尚と戦う(筑後川の戦い)。12 畠山国清、東国の軍兵を率いて入京。
一三六一	康安元・正平十六	11 畠山国清、鎌倉公方足利基氏に叛く。
一三六三	貞治二・正平十八	3 室町幕府、上杉憲顕を関東管領とする。9 山名時氏、幕府に帰伏。
一三六六	貞治五・正平二十一	9 両朝講和の噂おこる。
一三六七	貞治六・正平二十二	11 足利義詮、病のため政務を義満に譲り、細川頼之を管領とする。
一三六八	応安元・正平二十三	3 武蔵平一揆、足利氏満に叛く。2 絶海中津ら明に渡る(→一三七六年帰国)。
一三六九	応安二・正平二十四	1 楠木正儀、室町幕府に降伏。この年、明の洪武帝、征西将軍懐良親王に倭寇の禁圧を要求。
一三七一	応安四・建徳二	2 今川貞世、九州探題となり、鎮西へ赴任。このころ、『太平記』なる。
一三七三	応安六・文中二	8 楠木正儀・赤松範資ら天野行宮を攻撃。佐々木道誉没(68)。
一三七四	応安七・文中三	この年、足利義満、今熊野社で、観阿弥、世阿弥の神事猿楽を観る。
一三七五	永和元・天授元	8 今川貞世、少弐冬資を肥後水島で誘殺。島津氏久、怒って南朝方となる。
一三七七	永和三・天授三	1 播磨国矢野荘の農民ら逃散。のち、守護勢力と衝突。
一三七九	康暦元・天授五	④ 康暦の政変。細川頼之、讃岐に帰る。
一三八〇	康暦二・天授六	5 小山義政、南朝方となり、宇都宮基綱を下野裳原で破る。6 足利氏満、小山討伐を関東八ヵ国に命令。

一三八五	至徳二・元中二	8　足利義満、二条良基らと春日社に参詣。
一三八八	嘉慶二・元中五	9　足利義満、東国遊覧、富士山を観る。
一三八九	康応元・元中六	3　足利義満、安芸厳島に参詣。
一三九一	明徳二・元中八	9　足利義満、春日社、東大寺に参詣。12　明徳の乱、山名氏清ら敗れる。
一三九二	明徳三・元中九	⑩　後亀山天皇京都に帰り神器を後小松天皇に譲る（南北朝合一）。
一三九七	応永四	4　北山第（金閣）上棟。
一三九九	応永六	12　大内義弘、室町幕府の軍勢と堺城に戦い敗死（応永の乱）。
一四〇一	応永八	5　足利義満遣明船を送る（→一四〇二年、遣明使帰国）。
一四〇二	応永九	2　今川貞世『難太平記』を著す。3　世阿弥『風姿花伝』を著す。
一四〇八	応永十五	5　足利義満没（51）

参考文献 (筆者五十音順)

阿部猛・佐藤和彦編著『人物でたどる日本荘園史』(一九九〇年　東京堂出版)
網野善彦「楠木正成に関する一、二の問題」(『日本歴史』二六四)・『蒙古襲来』(一九七四年　小学館)・『日本中世の非農業民と天皇』(一九八四年　岩波書店)・『異形の王権』(一九八六年　平凡社)
新井孝重『中世悪党の研究』(一九九〇年　吉川弘文館)
石母田正『中世的世界の形成』(一九四六年　伊藤書店)
稲垣泰彦編著『荘園の世界』(一九七三年　東京大学出版会)・同著『日本中世社会史論』(一九八一年　東京大学出版会)
今井清光『時衆文芸研究』(一九六七年　風間書房)
今井雅晴『時宗成立史の研究』(一九八一年　吉川弘文館)
今枝愛真『中世禅宗史の研究』(一九七〇年　東京大学出版会)
今谷　明『室町の王権』(一九九〇年　中央公論社)
入間田宣夫『百姓申状と起請文の世界』(一九八六年　東京大学出版会)
上島　有『京郊庄園村落の研究』(一九七〇年　塙書房)
植村清二『楠木正成』(一九六六年　至文堂)
臼井信義『足利義満』(一九六〇年　吉川弘文館)

上横手雅敬編著『太平記』（一九八〇年　集英社）
遠藤　巖「南北朝内乱の中で」（『中世奥羽の世界』一九七八年　東京大学出版会）
大橋俊雄『時宗の成立と展開』（一九七三年　吉川弘文館）
大山喬平『日本中世農村史の研究』（一九七八年　岩波書店）
岡見正雄・林屋辰三郎編『文学の下剋上』（一九六七年　角川書店）
小川　信『足利一門守護発展史の研究』（一九八〇年　吉川弘文館）
奥富敬之『鎌倉北條氏の基礎的研究』（一九八〇年　吉川弘文館）
笠松宏至『日本中世法史論』（一九七九年　東京大学出版会）
勝俣鎮夫『戦国法成立史論』（一九七九年　東京大学出版会）・『一揆』（一九八二年　岩波書店）
久保文雄「楠木正成と観阿弥」（『日本史研究』三八）
黒川直則「惣的結合の成立」（『歴史公論』四六）・「東寺の起請文と牛玉宝印」（『資料館紀要』八）
黒川光子「和泉国における南北朝」（『ヒストリア』七三）
黒田俊雄『蒙古襲来』（一九六五年　中央公論社）・『日本中世の国家と宗教』（一九七五年　岩波書店）・『王法と仏法』（一九八三年　法蔵館）
黒田日出男『日本中世開発史の研究』（一九八四年　校倉書房）
黒田弘子『中世惣村史の構造』（一九八五年　吉川弘文館）
小泉宜右『悪党』（一九八一年　教育社）
佐々木久彦「荘家の一揆」（『一揆の歴史』一九八一年　東京大学出版会）

佐藤和彦『南北朝内乱』（一九七四年　小学館）・『南北朝内乱史論』（一九七九年　東京大学出版会）・『自由狼藉・下剋上の世界』（一九八五年　小学館）
佐藤進一「室町幕府開創期の官制体系」（『中世の法と国家』一九六〇年　東京大学出版会）・「室町幕府論」（『岩波講座日本歴史　中世3』一九六三年　岩波書店）・『南北朝の動乱』（一九六五年　中央公論社）・『足利義満』（一九八〇年　平凡社）
杉山　博『庄園解体過程の研究』（一九五九年　東京大学出版会）
鈴木良一『日本中世の農民問題』（一九四八年　高桐書院）・『中世史雑考』（一九八七年　校倉書房）
瀬野精一郎『分裂と動乱の世紀』（一九八一年　旺文社）
高柳光寿『足利尊氏』（一九六六年　春秋社）
竹内理三『古代から中世へ（下）』（一九七八年　吉川弘文館）
田中健夫『中世海外交渉史の研究』（一九五九年　東京大学出版会）・『倭寇と海外貿易』（一九六一年　至文堂）・同編『大明国と倭寇』（一九八六年　ぎょうせい）
田中義成『南北朝時代史』（一九二二年　明治書院）
玉村竹二『夢窓国師』（一九五八年　平楽寺書店）
田村洋行『中世日朝貿易の研究』（一九六七年　三和書房）
豊田　武『武士団と村落』（一九六三年　吉川弘文館）・「元弘討幕の諸勢力について」（『文化』三一―一。のち『豊田武著作集7巻』一九八三年　吉川弘文館）
中村吉治『土一揆研究』（一九七四年　校倉書房）

仲村　研『荘園支配構造の研究』（一九七八年　吉川弘文館）
中村直勝『南北朝』（一九二一年　大鐙閣）・『荘園の研究』（一九三九年　星野書店）
永原慶二『日本中世社会構造の研究』（一九七三年　岩波書店）・『中世内乱期の社会と民衆』（一九七七年　吉川弘文館）・『日本中世の社会と国家』（一九八二年　日本放送出版協会）・『内乱と民衆の世紀』（一九八八年　小学館）・同編著『古文書の語る日本史　南北朝・室町』（一九九〇年　筑摩書房）
新田英治「鎌倉後期の政治過程」（『岩波講座　日本歴史　中世2』一九七五年　岩波書店）
林屋辰三郎『南北朝』（一九五七年　創元社）・『佐々木道誉』（一九八〇年　平凡社）
藤木久志『戦国社会史論』（一九七四年　東京大学出版会）
藤田精一『楠氏研究』（一九三三年　積善館）
松本新八郎『中世社会の研究』（一九五六年　東京大学出版会）
三浦圭一『中世民衆生活史の研究』（一九八一年　思文閣出版）
三浦周行『日本史の研究』（一九二二年　岩波書店）
三木　靖「南北朝内乱期の一揆」（『日本歴史』二七六）
峰岸純夫『中世の東国』（一九八九年　東京大学出版会）
村井章介『アジアのなかの中世日本』（一九八八年　校倉書房）
百瀬今朝雄「元徳元年の「中宮御懐妊」」（『金沢文庫研究』二七四）
森　茂暁『建武政権』（一九八〇年　教育社）・『南北朝期公武関係史の研究』（一九八四年　文献出版）・『皇子たちの南北朝』（一九八八年　中央公論社）

安田元久『鎌倉武士の御恩と奉公』（一九八一年　旺文社）
山陰加春夫・酒井紀美「中世における一揆の組織と形態」（『一揆の構造』一九八一年　東京大学出版会）
横井金男『北畠親房文書輯考』（一九四二年　大日本百科全書刊行会）
横井　清『中世民衆の生活文化』（一九七五年　東京大学出版会）・『中世を生きた人びと』（一九八一年　ミネルヴァ書房）・『的と胞衣』（一九八八年　平凡社）
脇田晴子『室町時代』（一九八五年　中央公論社）

初出一覧

序の章　内乱の諸相　「概説」（『戦乱の日本史　5　南北朝の内乱』一九八五年　第一法規）を改題、補訂

一の章　護摩を焚く天皇・後醍醐　「後醍醐天皇の覇気と自負」（『歴史群像シリーズ　一〇　戦乱南北朝』一九八九年　学習研究社）を改題、補訂

二の章　足利尊氏の叛旗　「足利尊氏の叛旗」・「観応の擾乱」（『戦乱の日本史　5　南北朝の内乱』一九八五年　第一法規）を改題、補訂

三の章　悪党兵衛尉正成　「楠木正成とその時代」（『楠木正成のすべて』一九八九年　新人物往来社）を改題、補訂

四の章　内乱の黒幕・疎石　「夢窓疎石」（『歴史群像　2　黒幕』一九八四年　集英社）を改題、補訂

五の章　ばさら大名・道誉　「バサラ大名の虚と実」（『東京学芸大学紀要　四一』一九九〇年　東京学芸大学）を改題、補訂

六の章　「日本国王」源義満　「〝日本国王〟源道義」（『海外視点　日本の歴史　7　大明国と倭寇』一九八六年　ぎょうせい）を改題、補訂

七の章　内乱と情報

○播磨の悪党　『歴史手帖』九―八（一九八一年　名著出版）

○京童のロズサミ　『歴史評論』四三九（一九八六年　校倉書房）

○『太平記』断章　『埼玉県史だより』一八（一九八五年　埼玉県史編さん室）

○倭寇と禅僧　『小原流挿花』四三〇（一九八六年　小原流文化事業部）

補の章　足利一族の経済基盤　「下野足利荘の成立と展開」（『中世東国史の研究』一九八八年　東京大学出版会）を改題、補訂

あとがき

人物をとおして歴史を視る。このことは、きわめて魅力的な作業である。

十四世紀は、日本歴史のなかでも、きわめて波乱に富んだ時代である。天皇・貴族・武士、さらに庶民にいたるまで、あらゆる人々が動乱の渦中にまきこまれた。それはまさに「四海大ニ乱テ、一日モイマダ安カラズ。狼煙《ろうえん》天ヲ翳《かく》シ、鯢波《げいは》地ヲ動スコト、今ニ至ルマデ四十余年、一人トシテ春秋ニ富メルコトヲエズ。万民手足ヲ措《お》クニ所ナシ」（『太平記』）という状況であった。内乱期社会の光と闇を生き抜き、戦い続けた人々の生きざまを追究することによって、時代の本質が視えてくるのではあるまいか。

内乱の社会を生き抜くためには、歴史の趨勢を洞察することが必要である。これを可能にする条件は、情報の蒐集と正確な分析力である。楠木正成も、足利尊氏も、きわめて豊富な情報を迅速に掌握し行動の指針としていた。変革期における情報蒐集の意味を検討することは重要な課題であろう。

本書は、このような視点から折々に発表した論稿を集め、補訂を加えてまとめたものである。

南北朝時代を鮮烈に描いたものには、田中義成『南北朝時代史』（一九二二年　明治書院）、林屋辰三郎『南北朝』（一九五七年　創元社）、佐藤進一『南北朝の動乱』（一九六五年　中央公論社）などの名著がある。ずばり、『太平記』を対象に、変革の時代を解明しようとした永積安明・上横手雅敬・桜井好朗『太平記の世界』(一九八七年　日本放送出版協会)も好著である。

これら、先学の諸成果に学びつつ、研究を続けているものの、いまなお、暗中模索の状態である。民衆史的視点をつらぬきつつ、悪党状況、ばさらの様態、そしてなによりも内乱の政治史を今後とも追究していきたいと思う。

本書を刊行するまでに、多くの人々の御援助をえた。旧稿の転載を承諾していただいた初出誌の出版社・編集部の方々、貴重な文献、図版などの掲載を許可していただいた所蔵者の方々にまず御礼を申し上げたい。『楠木正成のすべて』・『ばさら大名のすべて』と同じく、本書もまた、新人物往来社の大出俊幸氏をはじめ、編集部の方々に種々の御配慮をいただいた。深く感謝し、厚く御礼をのべて、あとがきにかえたいと思う。

一九九〇年八月一日

佐藤和彦

『太平記の世界　列島の内乱史』を読む

樋口州男

本書は、NHK大河ドラマが初めて南北朝時代を取りあげたことなどで話題となった、一九九一（平成三）年度の「太平記」放映に向けて、前年一一月に刊行されたものである。なぜ国民的と称される番組において南北朝時代のドラマ化が難しいとみられてきたかに関連して、しばしば引き合いに出されたのが、一九一一（明治四四）年に起こった、いわゆる南北朝正閏問題である。

これは、当時の国定教科書『尋常小学日本歴史』が、今日と同様に「南北朝時代」の名称を用い、南朝・北朝を並記していたことに対する、「文部省は天に二日の存在を認めるか」などといった批判から始まった。すなわち、こうした二つの皇統・朝廷を対等に扱う教科書の記述が社会の混乱を招いたとして——具体的には前年の大逆事件を指す——、南朝・北朝のいずれが正統もしくは閏位であるかを明らかにすべしといった議論が国会にまで持ち込まれ、最終的には政府が明治天皇の裁定によって南朝を正統とし、次の新しい教科書からは「南北朝」の名称も「吉野の朝廷」へと変更されることになったという事件である。

「南北朝」という名称そのものが政治的・社会的関心を呼んだだけに、この問題が以後の歴史教育・研究に及ぼした影響は大きく、それについては、たとえば足利尊氏＝逆賊観の定着、タブー視による研究の停滞などがあげられている。一方、そうした中、一九二二（大正一一）年には、「南北朝」から「吉野の朝廷」へという名称変更を「国家の制度」とみなし、それに対して「学説の自由」の立場から「南北朝時代」の名称を主張した著作も刊行されている。本書の著者佐藤和彦氏がもっとも高く評価する南北朝時代研究者の一人田中義成が著した『南北朝時代史』である。しかし、この田中の学問にしても、それがようやく継承されることになるには、第二次世界大戦後をまたねばならなかったのである。

こうした事情を考慮する時、大河ドラマの対象とする南北朝の内乱、その内乱を描いた軍記物語の傑作『太平記』の語る内容を戦後歴史学の成果に依りながら、具体的に分かりやすく紹介した一般向け図書が望まれたことはいうまでもない。それだけに一九七四（昭和四九）年、三七歳の若さで小学館日本の歴史シリーズ第一一巻『南北朝内乱』を担当し、五年後には第一論文集『南北朝内乱史論』（東京大学出版会）をまとめ、その後も一貫して南北朝時代研究を推進し、しかも自身の研究成果を勤務校の大学生ばかりでなく、広く日本史に関心を寄せる人々へ還元することに精力的であった著者にかけられた期待は大きいものがあった。ここで両書について少し触れておくと、まず『南北朝内乱』

であるが、著者はその執筆にあたって、九年前、中央公論社日本の歴史シリーズ第九巻として刊行された名著・佐藤進一著『南北朝の動乱』を強く意識したという。この点、のちに著者みずから、「佐藤（進二）先生のような政治史は書けるはずがないので、内乱を在地の側の視点で描くことが出来ればと考えた」と語っているところである（『中世日本の変革と創造』東京堂出版、二〇〇七年）。実際、同書は「南北朝の内乱は在地ではどのように戦われたのか、また、在地における戦いが、内乱期の政治史を、どのように特質づけているのか」との視点設定のもとに、「日本歴史のなかでも、類をみない激動の時代」である「鎌倉末・南北朝期」を、「特徴づけ、きわだたせているのは、『悪党』といわれた人々の行動であり、『惣』に結集した農民たちの抵抗運動であった」という文章で書き出されており、斬新な視点に立つ通史として注目された。

次の『南北朝内乱史論』は、これも著者みずから語るところによると、「内乱の中の村と闘争、内乱の中の自然災害、飢饉などを視点に据えた本」をという編集者の誘いに応じて、「村の話・悪党の話・領主制の話・戦争論」などを扱った既発表論文をまとめたものであるという（前掲『中世日本の変革と創造』）。「序章　内乱史研究の視座と課題」以下、「第一章　惣結合と百姓申状」に始まる「第一部　農民結合の実像」、それぞれ三つの章および補論を置いた「第二部　諸国悪党の蜂起」「第三部　国人領主制の構造」、「第一一章　戦乱・災害と民衆生活」を含む「第四部　内乱と階級闘争」で構成されているが、著者の著作は、いずれもこのように目次においてその意図が明確にうち出されているところに特徴がある。なお昨年一二月には、現在、同書が「過去の名著扱い」をうけているとして、そうした「戦後歴史学の記念碑的な著作ではなく、現代の中世史研究者（特に若手研究者）が厳しく対峙するに値する研究書へと再生する」ことに関する提案もなされていることを付記しておきたい（呉座勇一「佐藤和彦『南北朝内乱史論』を読みなおす」『日本史研究』六一六）。

さて大河ドラマ『太平記』放映当時、いわゆる働き盛りの五四歳になっていた著者の奮闘・活躍ぶりは、社会の期待に応えるべく大変なものがあった。放映前後の三年間（一九九〇〜九二年）における南北朝時代や軍記物語『太平記』関係の著書（編著・監修なども含む）は一〇冊、図書・雑誌類に載せた論考は約三〇点にのぼり、これに市民カルチャーなどでの講演も加わってくるのである（佐藤和彦先生追悼論文集刊行会編『中世民衆史研究の軌跡』所収「著作目録」、岩田書院、二〇〇八年）。もちろん多忙な公務をつとめた上での、まさに超人的な仕事量といえよう。

これらの著作・講演内容を大きく分けると、㈠歴史家の視点による文学作品『太平記』の読解、㈡『太平記』の歴史的背景の探求、㈢時代の特質と個人との関係という視点からの人物論、㈣絵画史料の活用、となるが、このうち㈠については、たとえば放映の年の春、新宿の朝日カルチャーセンターでの五回にわたる講義をもとにまとめた『「太平記」を読む―動乱の時代と人々―』（学生社、一九九一年）がある。なお『太平記』といえば、一九七四年の『南北朝内乱』執筆当時とその後における著者の考え方の変化について、次の述懐は興味深いので、そのまま引用する。

普通に考えれば南北朝の内乱を描くためには、『太平記』を最大限に活用しなければならないが、その頃は農民側の文書だけでどうにかなると思っていたところがあった。今から考えれば全くの間違いで、農民側の史料と領主側の史料と、それに同時代を生きていた人々の思想・心情を最もよく語っている『太平記』を織り込まなければ、内乱期の全体像を描き出せるはずはないのだが。

（前掲『中世日本の変革と創造』）

以下㈡では、「南北朝の内乱をめぐって」（『太平記の世界「番場蓮華寺セミナー」講演収録集』米原町中央公民館、一九九二年、のち前掲『中世日本の変革と創造』収録）、㈢では『論集足利尊氏』（東京堂出版、一九九一年）、㈣では共編『図説・太平記の時代』（河出書房新社、一九九〇年）同『太平記絵巻』（河出書房新社、一九九二年）をあげておきたい。

そこで本書であるが、「あとがき」冒頭でも「人物をとおして歴史を視る。このことは、きわめて魅力的な作業である」と記されているように、明らかに㈢の人物論のうちに含まれる。そしてそれが著者ならではの人物論になっていることは本書の構成をみるだけでも知ることができるのである。すなわち本書は、まず序の章において南北朝内乱の前史から終焉までを簡にして要を得た文章で描き、ついで一の章から六の章では、その時代の「光と闇を生き抜き、戦い続けた人々」六人を取りあげてその生きざまを追求し、さらに七の章と補の章に、その追求にさいしての視点――悪党・民衆、情報論など――に関連した論考を配置するという構成をとっており、まさに時代の特質と個人との関連を重視した人物論になっているのである。また本書は、著者がそれまで折々に発表した論考を集め、補訂を加えてまとめたものというが、右に紹介した構成は書き下ろしのように見事である。著者が個々の論考を執筆するにあたっても、常にみずからの研究対象の全体像を念頭においていることの証左である。

構成の巧みさといえば、各々の章のタイトルの付け方にしても同じことがいえる。一〜六の章のタイトルが意味するところを紹介すれば次のとおりである。

一の章　護摩を焚く天皇・後醍醐――天皇みずから護摩を焚き、鎌倉幕府の調伏（滅亡）を祈ったことによるもので、その強烈な個性を象徴している。

二の章　足利尊氏の叛旗――尊氏が最初は鎌倉幕府に対して、二度目は後醍醐天皇の建武政権に対してと、二度にわたって叛旗をひるがえしたことによる。なお尊氏論は著者がもっとも意識していたテーマであり、その後も含めて、著者がどのようにこのテーマに迫ろうとしていたかについては、補の章にみえる、足利氏は「全国各地に散在する拠点からよせられる情報を蒐集して、政策の決定をおこなって」おり、下野足利荘はそうした「全国にはりめぐらされた情報の拠点の一つとして」位置づけられるなどといった記述が参考になる。

三の章　悪党兵衛尉正成――楠木正成に関する正確な史料の初見とされる『臨川寺領目録』に、正成が「悪党楠兵衛尉」の呼称で登場してきていることによる。そして本来は「幕府の御家人、それも得宗被官人」であった正成の悪党への転身の意味を、「時代の転換」の中に探ろうとしている。
四の章　内乱の黒幕・疎石――南北朝内乱期の禅僧夢窓疎石の「教導力」が「政治的局面にまでおよ」び、「聖俗両界に絶大な影響力」を発揮したことによる。「(北条) 高時を切りすてて後醍醐天皇と結」び、次にはその「天皇を見限っ」て足利尊氏・直義兄弟の帰依をうけ、兄弟が不和になると両者の和睦を周旋し、ついには「足利氏にとって精神的紐帯《ちゅうたい》そのもの」という存在になっていった生涯を追跡している。
五の章　ばさら大名・道誉――南北朝時代、近江・出雲などの守護を兼ねた佐々木道誉が、「内乱期社会を自由と狼藉に生きぬき、下克上人の典型といわれたバサラ大名」を代表する武将であったことによる。もとはサンスクリット語のバサラという言葉が南北朝期に流行した意味を探り、さらにはバサラな生き方について、道誉の生涯を通じて見ようとしている。
六の章　〝日本国王〟源義満――室町幕府三代将軍足利義満が明の皇帝から「日本国王」として認められ、義満もまた明への国書に「日本国王臣源」と署名したことによる。南北朝の合体を実現させ、「日本国王への道を歩み続けた男の生涯」を素描している。
本書もまた、著者による他の著作と同じく明確な視点のもとに執筆されているが、それとともに右の人物論六篇のタイトル紹介でも少し触れておいたように、本書においてはそれぞれの人物の個性が的確な言葉でもって表現されていることも魅力の一つとなっている。それゆえ、この解説の執筆にあたり、たとえば情報に関する話題がどのように取り入れられているか、あるいはどのような表現でもって六人の個性・評価が語られているかなどについて考えながら、久しぶりに本書を読み解く楽しみを味わせていただいたことを感謝する次第である。

著者が急逝されてから早くも八年の歳月が流れたが、先にも紹介したように第一論文集『南北朝内乱史論』が、あらためて若い世代の研究者によって新鮮な視角から注目されるようになってきたこの時期、著者の幅広い活動を示す本書の復刊はまことに喜ばしいかぎりである。

（拓殖大学非常勤講師）

本書の原本は、一九九〇年に新人物往来社より刊行されました。

著者略歴
一九三七年　愛知県名古屋市に生まれる
一九六五年　早稲田大学大学院文学研究科博士課程単位取得退学
東京学芸大学教育学部教授、帝京大学文学部教授を歴任　文学博士
二〇〇六年　没

〔主要著書〕
『日本の歴史11　南北朝内乱』（小学館、一九七四年）、『南北朝内乱史論』（東京大学出版会、一九七九年）、『図説太平記の時代』（共編、河出書房新社、一九九〇年）、『「太平記」を読む』（学生社、一九九一年）

読みなおす日本史

太平記の世界
列島の内乱史

二〇一五年（平成二十七）一月一日　第一刷発行

著　者　佐《さ》藤《とう》和《かず》彦《ひこ》
発行者　吉川道郎
発行所　株式会社　吉川弘文館
郵便番号一一三―〇〇三三
東京都文京区本郷七丁目二番八号
電話〇三―三八一三―九一五一〈代表〉
振替口座〇〇一〇〇―五―二四四
http://www.yoshikawa-k.co.jp/
組版＝株式会社キャップス
印刷＝藤原印刷株式会社
製本＝ナショナル製本協同組合
装幀＝清水良洋・渡邉雄哉

© Hiroko Satō 2015. Printed in Japan
ISBN978-4-642-06584-9

JCOPY 〈(社)出版者著作権管理機構　委託出版物〉
本書の無断複写は著作権法上での例外を除き禁じられています．複写される場合は，そのつど事前に，(社)出版者著作権管理機構（電話 03-3513-6969，FAX 03-3513-6979，e-mail: info@jcopy.or.jp）の許諾を得てください．

刊行のことば

現代社会では、膨大な数の新刊図書が日々書店に並んでいます。昨今の電子書籍を含めますと、一人の読者が書名すら目にすることができないほどとなっています。ましてや、数年以前に刊行された本は書店の店頭に並ぶことも少なく、良書でありながらめぐり会うことのできない例は、日常的なことになっています。

人文書、とりわけ小社が専門とする歴史書におきましても、広く学界共通の財産として参照されるべきものとなっているにもかかわらず、その多くが現在では市場に出回らず入手、講読に時間と手間がかかるようになってしまっています。歴史の面白さを伝える図書を、読者の手元に届けることができないことは、歴史書出版の一翼を担う小社としても遺憾とするところです。

そこで、良書の発掘を通して、読者と図書をめぐる豊かな関係に寄与すべく、シリーズ「読みなおす日本史」を刊行いたします。本シリーズは、既刊の日本史関係書のなかから、研究の進展に今も寄与し続けているとともに、現在も広く読者に訴える力を有している良書を精選し順次定期的に刊行するものです。これらの知の文化遺産が、ゆるぎない視点からことの本質を説き続ける、確かな水先案内として迎えられることを切に願ってやみません。

二〇一二年四月

吉川弘文館